Sylvia Plock

Liebe und Wahrheit
Biblische Beratung im Spannungsfeld

Frauenseelsorge in der Gemeinde

Sylvia Plock

Liebe und Wahrheit
Biblische Beratung im Spannungsfeld

„Zurechtbringen" - ein Aspekt der Seelsorge

CIP-Kurztitelaufnahme der Deutschen Bibliothek

Plock, Sylvia:
Liebe und Wahrheit - Biblische Beratung im Spannungsfeld
Hammerbrücke: concepcion Seidel 1999
ISBN 3-933750-10-5
NE:GT

1. Auflage 1999
© 1999 concepcion SEIDEL Verlag 08269 Hammerbrücke
Gesamtherstellung: Satz & Druck Atelier Seidel & Seidel, Auerbach
Redaktion: media aktuell
Titelbild und Fotonachweis: M. Mothes
Bestellnummer: 640.310

ISBN: 3-933750-10-5

INHALT

Vorwort	**11**
Vorbemerkungen	**12**
1. Wie kam es zur Entstehung dieses Buches?	12
2. Warum sind diese Ausführungen an Frauen gerichtet?	14
3. Dürfen Frauen seelsorgerliche Dienste an Männern tun?	17
I. THEORETISCHE GRUNDLAGEN	**25**
1. Der Begriff „Seelsorge"	**25**
1.1 Das „Aufrichten" des Ratsuchenden	25
1.2 Das „Ermahnen" des Ratsuchenden	25
1.3 Das „Beraten" des Ratsuchenden	26
2. Der Mensch und die Sünde in der Seelsorge	**29**
2.1 Die Definition von „Sünde"	29
2.2 Der Ursprung der Sünde	29
2.3 Die Auswirkung der Sünde	29
2.4 Das Wesen der Sünde	30
2.5 Seelsorge kontra Psychotherapie	33

3. Die Ziele der Seelsorge   39

3.1 Die Beziehung zu Gott   39
3.2 Das Verhältnis zum Wort Gottes   41
3.3 Das Wachstum in der Heiligung   42
3.4 Die Reinigung des Herzens   49

4. Der Seelsorger   57

4.1 Die Befähigung zum Seelsorgedienst   57
4.2 Die Berufung zum Seelsorgedienst   58
4.3 Die Voraussetzungen zum Seelsorgedienst   58
4.4 Das Leiden im Seelsorgedienst   61

5. Die Art der Seelsorge   67

5.1 Liebe und Wahrheit in der Seelsorge   67
5.2 Die Überbetonung der Wahrheit in der Seelsorge   68
5.3 Die Überbetonung der Liebe in der Seelsorge   68
5.4 Der Prüfstein für die Art der Liebe   69

**II. LIEBE UND WAHRHEIT IN DER SEELSORGE
   DES HERRN JESUS**   75

 1. Joh.2,1-12:   Die Liebe Jesu zum Menschen   76
 2. Joh.2,13-25:   Die Liebe Jesu zur Wahrheit   76
 3. Joh.3,1-21:   Die belehrende Seelsorge Jesu   77
 4. Joh.4,1-26:   Die sündenaufdeckende Seelsorge Jesu   78
 5. Joh.6,1-71:   Die konfrontierende Seelsorge Jesu   80
 6. Joh.8,1-11:   Die durchblickende Seelsorge Jesu   81
 7. Joh.12,1-8:   Die geduldige Seelsorge Jesu   82
 8. Joh.13,18-38: Die warnende Seelsorge Jesu   83
 9. Joh.18+19:   Die unermüdliche Seelsorge Jesu   85
10. Joh.20+21:   Die weiterführende Seelsorge Jesu   86

III. LIEBE UND WAHRHEIT IN DER SEELSORGE - ZEHN SPANNUNGSFELDER 91

1. Freundschaft oder Ehe mit einem Ungläubigen 97

Biblische Wahrheiten 97
1.1 Gottes Ordnung im Alten und Neuen Bund 97
1.2 Die ungleiche Jochgemeinschaft 98
Biblische Beratung 101
Fallbeispiele 102

2. Das Zusammenleben von Christen ohne Trauschein 107

Biblische Wahrheiten 107
2.1 Gottes Gedanken zur Ehe 107
2.2 Gottes Gedanken zur Sexualität 109
2.3 Die sexuelle Sünde 110
2.4 Der Vergleich von Ehe und Nichtehe 112
Biblische Beratung 113
Fallbeispiele 114

3. Scheidung und Wiederheirat 119

Biblische Wahrheiten 119
3.1 Die Unauflösbarkeit des Ehebundes zu Lebzeiten des Ehepartners 119
3.2 Das grundsätzliche Scheidungsverbot gläubiger Ehepaare 121
3.3 Die biblischen Konsequenzen nach einer Scheidung 121
3.4 Die grundsätzliche Erhaltung der Ehe mit dem ungläubigen Partner 122
3.5 Die Scheidungsmöglichkeit des ungläubigen Partners 122
3.6 Die biblischen Anweisungen für unverheiratete Personen 123
3.7 Das Scheidungsverbot im Markus- und Lukasevangelium 124
3.8 Die Scheidungserlaubnis und das Wiederheiratsverbot im Matthäusevangelium 125
3.9 Einige Argumente gegen die Befürworter einer Wiederheirat 129
3.10 Zusammenfassung der Lehraussagen 131

Biblische Beratung   132
Fallbeispiele   134

4. Die biblische Stellung der Ehefrau   141

Biblische Wahrheiten   141
4.1 Die Bestimmung der Frau   141
4.2 Die Bestimmung des Mannes   142
4.3 Das Prinzip der Unterordnung   143
4.4 Die biblische Unterordnung der Frau   144
Biblische Beratung   147
Fallbeispiele   148

5. Die biblische Berufung der Mutter   153

Biblische Wahrheiten   153
5.1 Aufgaben und Ziele einer christlichen Frau   153
5.2 Ein Leben mit Ewigkeitswert   161
5.3 Sinn und Zweck der Berufstätigkeit   161
Biblische Beratung   164
Fallbeispiele   167

6. Gemeindezucht   173

Biblische Wahrheiten   174
6.1 Das Hinwegtun der Sünde im Alten Bund   174
6.2 Das Hinwegtun der Sünde im Neuen Bund   175
Biblische Beratung   181
Fallbeispiele   182

7. Das biblische Prinzip von der Absonderung   187

Biblische Wahrheiten   187
7.1 Die Kriterien für eine biblische Einheit   187
7.2 Die Kriterien für eine biblische Absonderung   189
7.3 Einige falsche Lehraussagen der beiden Volkskirchen   190

7.4 Einige Einwände gegen eine Absonderung 191
7.5 Einige Hindernisse für eine biblisch gebotene Trennung 192
Biblische Beratung 193
Fallbeispiele 193

8. Biblisches Verhalten gegenüber Sektierern 201

Biblische Wahrheiten 201
8.1 Einige Kriterien, um eine Sekte zu erkennen 202
8.2 Einige Sekten, die diesen Kriterien nicht standhalten 202
8.3 Gottes Anordnung für den Umgang mit einem missionierenden
    Sektierer 203
8.4 Gottes Anordnung, Irregeleiteten das Evangelium zu bringen 204
Biblische Beratung 205
Fallbeispiele 206

9. Biblisches Verhalten gegenüber der Obrigkeit 211

Biblische Wahrheiten 211
9.1 Autorität - ein Gedanke Gottes 211
9.2 Sinn und Zweck der Staatsgewalt 212
9.3 Das Verhalten gegenüber der Staatsgewalt 213
Biblische Beratung 218
Fallbeispiele 219

10. Biblischer Umgang mit alternativen Heilmethoden 225

Biblische Wahrheiten 226
10.1 Der Hintergrund der Alternativmedizin 226
10.2 Einige Diagnoseverfahren der Alternativmedizin 230
10.3 Einige Therapieverfahren der Alternativmedizin 230
10.4 Biblisches Verhalten angesichts der Alternativmedizin 231
10.5 Krankheit und Heilung aus biblischer Sicht 233
10.6 Sinn und Ziel einer Krankheit aus biblischer Sicht 235
10.7 Schritte zur geistlichen Bewältigung von Krankheit und Not 235

Biblische Beratung   236
Fallbeispiele   238

Schlußgedanken   241

Literaturverzeichnis   242

VORWORT

Diese Publikation entstand aus der Grundüberzeugung, daß Seelsorge ein wichtiger Bestandteil der Gemeindearbeit ist. Gerade in diesem Bereich verzeichnen viele Gemeinden erhebliche Defizite.

Der Begriff Seelsorge umfaßt ein umfangreiches Gebiet. In diesem Buch setzt meine Frau ganz bewußt den Schwerpunkt auf „Zurechtbringende Seelsorge". Da sich der Geist der Zeit auch in den Gemeinden niederschlägt, halten wir gerade den ermahnenden und zurechthelfenden Aspekt der Seelsorge für wichtig - ohne dabei die anderen Bereiche der Seelsorge zu vernachlässigen.

Meine Frau möchte den Leserinnen praktische Hilfestellung für die seelsorgerliche Beratung geben. Wer Menschen auf den guten Weg Gottes führen und begleiten will, muß die gesunde biblische Lehre kennen. Alle theologischen Ausführungen decken sich im Kern mit dem Lehrfundament der „Biblischen Gemeinde Mannheim", in der wir beide mitarbeiten.

Der Apostel Paulus schreibt: „Weist die Unordentlichen zurecht, tröstet die Kleinmütigen, nehmt euch der Schwachen an, seid langmütig gegen alle!" Biblische Lehre gepaart mit geistgewirkter Barmherzigkeit wird Menschen positiv verändern und gesundes Gemeindewachstum fördern. Gebe Gott, daß dieses Buch eine echte Hilfe dazu sein kann.

Wilfried Plock, Leiter der „*Konferenz für Gemeindegründung*" (KfG)

VORBEMERKUNGEN

1. Wie kam es zur Entstehung dieses Buches?

Im Frühjahr 1995 ermöglichte mir mein Mann in einer schwachen Lebensphase eine Woche der Stille. Herausgehoben aus den Alltags-
pflichten, bewegte ich vor Gott den Gedanken, ein Seelsorge-Seminar
auszuarbeiten. Ich litt unter besorgniserregenden Entwicklungen im Leben mancher Christen. Bestimmte Weichenstellungen, die sich meines
Erachtens nicht nach Gottes allgemeingültigen Maßstäben orientierten,
machten mir zu schaffen. Noch mehr bedrückte mich jedoch das Wissen,
daß wichtige Lebensentscheidungen auf Grund falscher Beratung getroffen wurden. Wo lagen die Wurzeln für die unterschiedlichen seelsorgerlichen Ratschläge, nach denen Menschen ihren Lebensweg ausrichteten?
Ich entdeckte für mich zwei bedeutsame Ursachen:

a) Ratschläge werden immer wieder ohne genaues Wissen um die gesunde biblische Lehre erteilt.
b) Als Folge davon geschieht Beratung aus menschlichem Mitgefühl heraus, das nicht automatisch mit geistgewirkter Liebe übereinstimmt.
   Diese Erkenntnisse führten mich zum Thema: „Biblische Beratung im
   Spannungsfeld von Liebe und Wahrheit".

Ermutigt durch den Bibelvers aus Offb.3,8: „Siehe, ich habe eine geöff-
nete Tür vor dir gegeben, die niemand zuschließen kann; denn du hast
eine kleine Kraft und hast mein Wort bewahrt und hast meinen Namen
nicht verleugnet", ging ich an die Arbeit. Ich wählte Themenbereiche aus,
in denen ich einerseits selbst seelsorgerlich involviert war, die andererseits
teilweise mein eigenes Leben berührten und Themenkreise, zu denen ich
nur indirekten Bezug hatte.

Im September 1995 hielt ich zu dieser Thematik ein Seelsorge-Seminar
in der Gemeinde Mannheim. Ich lud dazu alle gläubigen Frauen ein, die
den Wunsch hatten, sich für den Dienst in der Seelsorge zurüsten zu lassen.

Anfang des Jahres 1996 besuchten uns Bärbel und Eckehardt Strickert (ehemaliger Vorsitzender der KFG). Am Mittagstisch schilderten sie ein seelsorgerliches Problem und fragten nach einer Ausarbeitung zu diesem speziellen Thema. Mein Mann händigte ihnen einen Teil meines Seelsorge-Seminars aus. Im März 1996 kam dann von Eckehard die Anfrage, meine Ausarbeitung in der KFG-Zeitschrift veröffentlichen zu dürfen. Das war für mich als Mutter und Hausfrau keine leichte Herausforderung. Doch der Herr ermutigte mich wiederum durch ein persönliches Wort aus der Schrift, diesmal aus Amos 7,14 + 15: „Ich bin kein Prophet sondern ein Viehhirte bin ich und ein Maulbeerfeigenzüchter (Mutter und Hausfrau). Aber der Herr holte mich hinter dem Kleinvieh weg (stundenweise von der Betreuung meiner Kinder), und der Herr sprach zu mir: Geh hin, weissage meinem Volk Israel (unterweise Frauen für den Seelsorgedienst)!" So ging ich an die schriftliche Überarbeitung des Seminars. Im Herbst 1996 wurde der Artikel in drei Ausgaben der Zeitschrift „Gemeindegründung" abgedruckt und zu einem Sonderheft verarbeitet.

Im September 1997 lernte ich Karl-Heinz Vanheiden, Schriftleiter der Zeitschrift „Bibel und Gemeinde" persönlich kennen. Er fragte mich nach meiner Bereitschaft, das Seelsorgeheft zu einem Buch auszubauen. Nach Klärung meiner Motive vor dem Herrn (Phil.2,3a) und der Ermutigung meines Mannes, arbeitete ich nun wiederum fast ein Jahr an der Erweiterung des Manuskripts. Mit dem Wissen eigener Unfähigkeit und der Bitte: „Ach, Herr, hilf doch! Ach, Herr, gib doch Gelingen!" (Ps.118,25), versuchte ich umstrittene Lehraussagen noch gründlicher zu behandeln und arbeitete den Teil „Jesu Umgang mit Menschen in Liebe und Wahrheit" neu aus.

Im Herbst 1998 wurde das Manuskript von verschiedenen Brüdern Korrektur gelesen und durch hilfreiche Ratschläge ergänzt bzw. verändert.

An dieser Stelle danke ich auch Ralf Fanselau, der passende Grafiken zu den Lehrthemen entwarf, und allen Schreibern, die den theoretischen Inhalt durch ihre Lebensberichte bereicherten.

2. Warum sind diese Ausführungen an Frauen gerichtet?

2.1 Weil ich mich als Frau im Rahmen meiner biblischen Lehrbefugnis bewegen will

Schon bei der Veröffentlichung des Seelsorgeartikels erhielt ich die Kritik, ich würde die biblische Anweisung des Lehrverbotes der Frau miß-achten.

1.Tim.2,12-14: „Ich erlaube aber einer Frau nicht, zu lehren, noch über den Mann zu herrschen, sondern, daß sie sich in der Stille halte, denn Adam wurde zuerst gebildet, danach Eva; und Adam wurde nicht betrogen, die Eva aber wurde betrogen und fiel in Übertretung."

Titus 2,3: „Ebenso die alten Frauen in der Haltung, wie es den Heiligen geziemt, nicht verleumderisch, nicht Sklavinnen von vielem Wein, Lehrerinnen des Guten." (vgl. auch 2.Tim.3,14)

Nach unserem Schriftverständnis verdeutlichen die beiden Bibelstellen aus den Lehrbriefen, daß Gott der gläubigen Frau kein grundsätzliches Lehrverbot erteilt. Seinen Anordnungen liegen stets Prinzipien zugrunde. Es gilt, den tieferen Sinn des biblischen Gebotes zu erkennen und danach den Rahmen des Gehorsams abzustecken.

Ich zitiere dazu einen Briefauszug an einen Bruder, der mich bat, das Buch wegen des Lehrverbotes der Frau gemeinsam mit meinem Mann herauszugeben:

„... Das Lehrverbot bezieht sich im Kontext des Schriftabschnittes auf das Verhalten der Frau gegenüber dem Mann. Gott verbietet der gläubigen Frau unumstritten das Lehren und Leiten von Männern. Die Bibel begründet diese Anordnung mit dem Sündenfall, bei dem Eva die Führungsrolle des Mannes übernommen hatte. Gott verbietet demnach der Frau die Ausübung von Autorität über den Mann; das ist das zugrunde liegende biblische Prinzip für das Lehr- und Leitungsverbot der Frau. Alle davon abgeleiteten Anweisungen müssen sich diesem Prinzip unterordnen. Eine gottesfürchtige Frau sollte deswegen in keiner gemischten Gemeinde-zusammenkunft Bibelarbeiten halten oder gar das Ältestenamt anstreben.

Mein Mann und ich sind jedoch davon überzeugt, daß das Schreiben eines Buches (noch dazu adressiert an Frauen), dieses Prinzip nicht ver-letzt, auch wenn das Buch biblische Lehre enthält. Eine Christin darf Frauen und Kindern eine ‚Lehrerin des Guten' sein. Gut sind alle Anwei-sungen, die Gott seinen Söhnen und Töchtern für ein Leben in der Nach-folge gegeben hat.

Liegt es demnach nicht in der Verantwortung eines Mannes, ob er das Buch einer Autorin, eine christliche Frauenzeitschrift oder den Bibellese-plan einer Diakonisse liest? Eine Frau übt mit ihrer Veröffentlichung keine Autorität über den Mann aus und mißachtet somit auch nicht das bibli-sche Prinzip.

Bitte laß uns darauf achthaben, keine pharisäischen Zäune (Mischna) um biblische Gebote zu machen. Jesus Christus hat alle diese Mischna-Verordnungen übertreten, um den wahren Sinn des biblischen Gebotes auf den Leuchter zu stellen.

Lieber Bruder X, mein Mann steht ganz hinter der Intention und dem Inhalt des Buches. Er hat das Manuskript auch Korrektur gelesen. Aus zeitlichen Gründen konnte er sich jedoch an der Ausarbeitung nicht be-teiligen. Aus diesem Grunde, so seine Meinung, wäre es für ihn nicht kor-rekt, sich als Autor bzw. Mitautor auszugeben ...“

2.2 Weil ich Frauen zum Dienst in der Seelsorge zurüsten möchte

Meine Beobachtung bestätigt mir, daß die Thematik des Buches eher ein frauenspezifisches Problem behandelt. Neigen wir Frauen in der Ten-denz nicht eher als Männer dazu, gefühlsmäßig barmherzige Ratschläge zu geben? Leiden wir, bedingt durch unsere emotionale Beschaffenheit, nicht viel mehr unter den Nöten unserer Mitmenschen? Werden von Frauen nicht weit mehr Tränen des Mitgefühls vergossen? Diese wunderbare Gabe der Barmherzigkeit kann jedoch in der Beratung manchmal auch auf Kosten der Wahrheit gehen. Man möchte Lasten abnehmen, Wege er-leichtern und läuft dabei Gefahr, am Willen Gottes vorbeizuraten. Die ausgearbeiteten Lehrthemen beziehen sich deswegen auf Bereiche des Lebens, in denen sich immer auch Frauen bewegen. Es geht u.a. um

Freundschaft, Ehe, Familie, Gemeinde und Staat. Ich versuche, die guten Maßstäbe Gottes für unsere Lebensbezüge zu erforschen und sie in „Gedanken für die biblische Beratung" zusammenzufassen. Daran schließen sich wahrheitsgetreue Lebensberichte, die überwiegend aus der Erfahrungswelt der Frau stammen. Sie veranschaulichen, wie biblische Lehre seelsorgerlich angewendet wird und im Leben der Betreffenden konkrete Veränderung bewirken kann. Nicht alle Beispiele haben jedoch einen positiven Ausgang. Mit dieser Handreichung für die Beratung möchte ich jede Leserin zum seelsorgerlichen Dienst in Liebe und Wahrheit ermutigen.

2.3 Weil Frauen einen wertvollen Beitrag zum Wohl der Gemeinde leisten können

Gott erspart der christlichen Frau die große Verantwortung, die örtliche Gesamtgemeinde zu leiten und zu lehren. Trotzdem kann ihr Einsatz in Teilbereichen des Gemeindelebens und im Dienst am einzelnen die Gemeinde entscheidend positiv wie negativ prägen. Es ist deswegen von großer Wichtigkeit, daß Frauen den Hirtenauftrag der Ältesten unterstützen. Das bedeutet, daß sie das Lehrfundament der Gemeinde akzeptieren und, wenn es sein muß, auch verteidigen.

Ich war einmal sehr dankbar, daß ein Zuchtbeschluß der Gemeinde letztlich keinen Schaden anrichten konnte; denn einige Frauen leisteten an den Frauen Überzeugungsarbeit, die gegen den Ausschluß eines weiblichen Gemeindegliedes rebellierten, weil sie diese Maßnahme als unbarmherzig und hart empfunden hatten. Ich bezeichne den Dienst seelsorgerlich begabter Schwestern gern als „Kitt zwischen den Ziegelsteinen". Ihr positiver Einfluß - oft im Hintergrund - kann entscheidend zur Einheit der Gemeinde und damit zur Auferbauung des Leibes Christi beitragen.

Mögen die Ausführungen auch in diesem Sinne einen positiven Beitrag zum Gemeindeleben leisten. Zerstörerische Kräfte gibt es genug, und Gemeindespaltungen häufiger denn je.

3. Dürfen Frauen seelsorgerliche Dienste an Männern tun?

Grundsätzlich halte ich es für ratsam, wenn Seelsorge von Mann zu Mann und von Frau zu Frau geschieht. Die Verderbtheit unserer gefallenen Natur, die noch ausführlich besprochen wird, erfordert diese Schutzmaßnahme. Kontinuierliche Seelsorgesitzungen zwischen Mann und Frau bergen Gefahren in sich, die in Versuchung und Sünde führen können.

In der Praxis geschieht Seelsorge jedoch auch ganz spontan. Es entwickelt sich ein Gespräch am Eßtisch, im Flur des Gemeindehauses oder nach einem Bibelgesprächskreis.

In der Bibel selbst finden sich sowohl Beispiele für den seelsorgerlichen Dienst von Männern an Frauen als auch umgekehrt.

3.1 Der Dienst von Männern an Frauen geschieht besonders in der Funktion als Älteste. Hirten der Gemeinde haben auch die Aufgabe, über die Seelen weiblicher Gemeindeglieder zu wachen (Hebr.13,17):

1.Tim.5,1+2: „Einen älteren Mann fahre nicht hart an, sondern ermahne ihn als einen Vater, jüngere als Brüder; ältere Frauen als Mütter, jüngere als Schwestern in aller Keuschheit."

Phil.4,2+3: „Die Euvodia ermahne ich, und die Syntyche ermahne ich, dieselbe Gesinnung zu haben im Herrn. Ja, ich bitte auch dich, mein Gefährte, stehe ihnen bei, welche bei der Verkündigung der Frohbotschaft zusammen mit mir gekämpft haben ..."(Interlinear-Übersetzung).

2.Joh.5 ff: „Und nun bitte ich dich, Herrin, - nicht als schriebe ich dir ein neues Gebot, sondern das, welches wir von Anfang an gehabt haben - daß wir einander lieben. Und dies ist die Liebe, daß wir nach seinen Geboten wandeln."

3.2 Der Dienst von Frauen an Männern geschieht eher aus spontanen Anlässen heraus:

Richter 4: „Da sagte Barak zu Deborah: Wenn du mit mir gehst, dann gehe ich; wenn du aber nicht mit mir gehst, dann gehe ich nicht. Da sagte sie: Ich will gerne mit dir gehen - nur daß dann die Ehre nicht dir zufällt auf dem Weg, den du gehst, denn in die Hand einer Frau wird der Herr den Sisera verkaufen (Vers 9). „Deborah sagte zu Barak: Mach dich auf! Denn dies ist der Tag, da der Herr den Sisera in deine Hand gegeben hat" (Vers14).

1.Sam. 25,32-35: „Und David sagte zu Abigajil: Gepriesen sei der Herr, der Gott Israels, der dich an diesem Tag mir entgegengesandt hat! Und gepriesen sei deine Klugheit, und gepriesen seist du, daß du mich heute davon zurückgehalten hast, in Blutschuld zu geraten und mir mit meiner eigenen Hand zu helfen.....Siehe, ich habe auf deine Stimme gehört und dein Angesicht wieder aufgerichtet."

Joh.20,17: „Jesus spricht zu Maria: „...Geh aber hin zu meinen Brüdern und sprich zu ihnen: Ich fahre auf zu meinem Vater und zu eurem Vater und zu meinem Gott und zu eurem Gott. Maria Magdalena kommt und verkündigt den Jüngern, daß sie den Herrn gesehen und er dies zu ihr gesagt habe" (indirekte Seelsorge).

Röm.16,2: „Ich empfehle euch aber unsere Schwester Phöbe, die eine Dienerin der Gemeinde in Kenchräa ist, damit ihr sie im Herrn aufnehmt, der Heiligen würdig, und ihr beisteht, worin immer sie euch braucht. Denn auch sie ist vielen ein Beistand (griech.: prostatis) gewesen, auch mir (Paulus) selbst."

Röm.16,13: „Grüßt Rufus, den Auserwählten im Herrn, und seine und meine Mutter (kann hier nur ‚geistliche Mutter' bedeuten)."

3.3 Seelsorgerlicher Dienst eines Ehepaares an einem Mann:

Apg.18,26: „Apollos fing an, freimütig in der Synagoge zu reden. Als aber Priscilla und Aquilla ihn hörten, nahmen sie ihn zu sich und legten ihm den Weg Gottes genauer aus."

Eine weitere Vorbemerkung betrifft die Form der Ausführungen. Ich verwende den übergeordneten Begriff „der Seelsorger", weil die lehrmäßigen Aussagen selbst Allgemeingültigkeit haben, und fast alle zitierten Bibelstellen an Männer bzw. an Gemeinden als Ganzes gerichtet sind.

I. Theoretische Grundlagen

1. Der Begriff: Seelsorge

aufrichten

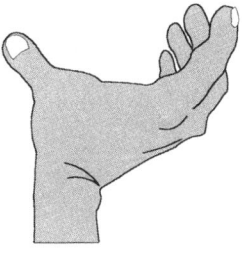

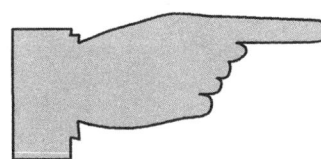

ermahnen

beraten

I. THEORETISCHE GRUNDLAGEN

1. DER BEGRIFF „SEELSORGE"

Das Wort „Seelsorge" kommt in der Bibel nicht vor. Man könnte den Begriff zunächst so umschreiben: Seelsorge ist die „herzliche Sorge um die Seele meines Nächsten". Diese Sorge umfaßt unterschiedliche Aktivitäten.

Die griechischen Begriffe im Neuen Testament verdeutlichen die verschiedenen Aspekte in der Seelsorge:

„1.1 Das ‚Aufrichten' des Ratsuchenden

- **parakaleo**: auffordern, ermahnen (2.Kor.10,1), bitten, ermuntern (1.Thess.3,2), zusprechen, trösten (2.Kor.7,6b), gut zureden, gute Worte geben (1.Kor.4,13), jemanden an seine Seite rufen, um ihm zu helfen (2.Kor.1,4; 2,7; 2,8)

- **paramutheomai**: trösten (1.Thess.2,11; 5,14)

- **antechomai**: einstehen für jemanden (1.Thess.5,14)

1.2 Das ‚Ermahnen' des Ratsuchenden

- **noutheteo**: ermahnen, zurechtweisen (Röm.15,14; 1.Kor.4,14; Kol.1,28; Kol.3,16; 1.Thess.5,12; 2.Thess.3,15)

- **elengcho**: ans Licht bringen (Eph.5,11), jemanden einer Sache überführen, tadeln, zurechtweisen, strafen (1.Tim.5,20; 2.Tim.4,2; Tit.1,9; Tit.2,15; Hebr.12,5; Offb.3,19)

- **epitimao**: verwarnen (im Blick auf eine zukünftige Tat), schelten (Mark.8,15; Luk.17,3; 2.Tim.4,2; Jud.9)

- **orthotomeo:** gerade schneiden, recht austeilen (2.Tim.2,15; 2.Tim.3,16)

1.3 Das ‚Beraten' des Ratsuchenden

- **sumbouleuo:** raten, beraten (Matth.26,4; Joh.11,53; Apg.9,23; Offb.3,18)

- **sophronizo:** anleiten - zur gesunden Vernunft (Tit.2,4).“[1]

Es hängt von der individuellen Lebensstiuation des Ratsuchenden ab, welcher Aspekt der Seelsorge zum Einsatz kommt. 1.Thess.5,14 veranschaulicht die unterschiedlichen seelsorgerlichen Aktivitäten sehr gut. Da heißt es: „Wir ermahnen euch aber, Brüder: Weist zurecht (noutheteo) die Unordentlichen, tröstet (paramutheomai) die Kleinmütigen, nehmt euch der Schwachen an (antechomai), seid langmütig gegen alle."
Ein Kleinmütiger ist demnach zu trösten und ein Unordentlicher zurechtzuweisen.

Seelsorgerliches Handeln hat also ein breites Spektrum. Es bedeutet u.a. zuhören, einfühlen, verstehen, ermutigen, Hoffnung vermitteln, Vergebung zusprechen, trösten, aber auch ermahnen, zurechtweisen, verwarnen, herausfordern, konfrontieren.

Die Ausführungen in diesem Buch beschränken sich auf Nöte, die aus falschen Lebensentscheidungen resultieren. Die Wurzeln liegen in der Verderbtheit des Menschen, der in Selbstbestimmung sein Leben meistern will. In diesen Fällen liegt die Betonung im seelsorgerlichen Begleiten auf dem Aspekt der Ermahnung. Wo Menschen die guten Ordnungen Gottes verlassen, hat demnach die „zurechtweisende" Seelsorge (noutheteo, elengcho) ihren Platz.

Biblische Beratung führt besonders in diesem Bereich in das Spannungsfeld von Liebe und Wahrheit.

2. Der Mensch und die Sünde

Gott

2. DER MENSCH UND DIE SÜNDE IN DER SEELSORGE

Damit die Notwendigkeit „zurechtweisender" Seelsorge richtig verstanden werden kann, muß die Beschäftigung mit der Sünde und ihren Auswirkungen auf den Menschen vorangehen.

2.1 Die Definition von „Sünde"

„Gott gab eine Ordnung (ein Gesetz) für die materielle Welt (Naturge-
setze), für die Gesellschaft (Familie, zwischenmenschliche Beziehungen,
Beziehungen des Menschen zur materiellen Welt), für den einzelnen (Leben der Seele, körperliches Leben) sowie für die Beziehung zwischen
Mensch und Gott (5.Mo.4,1-2; 6,1-2). Mit dieser Ordnung bezweckt Gott
das Wohl und das Glück des Menschen (5.Mo.4,40; 6,24).

Sünde ist demnach
- die Übertretung von Gottes gutem Gesetz (1.Joh.3,4)
- die Rebellion gegen Gott (1.Mo.3; Jes.65,2; Eph.5,6)
- die Mißachtung Gottes und seiner Liebe (Röm.2,4)
- die Ablehnung Jesu Christi (Joh.3,19)"[2]

2.2 Der Ursprung der Sünde

Röm.5,12a: „Darum, wie durch einen Menschen die Sünde in die Welt
gekommen ist und durch die Sünde der Tod und so der Tod zu allen Menschen durchgedrungen ist, weil sie alle gesündigt haben."

Die Sünde ist durch den Ungehorsam von Adam und Eva gegenüber
Gottes Gebot in die Welt eingedrungen (1.Mo.2,16-17; 3,1-6).

2.3 Die Auswirkung der Sünde

Röm.5,19a: „Denn wie durch des einen Menschen Ungehorsam die vielen in die Stellung von Sündern gesetzt worden sind ..."
Röm.3,10a+23: „Da ist kein Gerechter, auch nicht einer;" „... denn alle
haben gesündigt und erlangen nicht die Herrlichkeit Gottes ..."

Die Sünde ist universell und erfaßt alle Menschen und die ganze Schöpfung. Jeder kommt durch Vererbung mit einer sündhaften Natur zur Welt. Die Sündhaftigkeit des Menschen bringt nun Tatsünden (einschließlich Wort-, Gedanken- und Unterlassungssünden) mit sich. Deswegen ist der Mensch nicht ein Sünder, weil er sündigt, sondern er sündigt, weil er ein Sünder ist.

Als Vergleich: Ich bin Deutsche und deshalb spreche ich deutsch. Ich bin keine Deutsche, weil ich deutsch spreche, denn würde ich englisch sprechen, würde ich trotzdem noch eine Deutsche bleiben. Ich müßte also nicht nur meine Sprache ändern, sondern einen „Stammbaumwechsel" vollziehen. Dieser „Stammbaumwechsel" geschieht im geistlichen Bereich bei der Wiedergeburt (vergl. auch 2. Kor. 5,17).

Mt.15,18+19: „Aus dem Herzen kommen hervor böse Gedanken, Mord, Ehebruch, Unzucht, Dieberei, falsche Zeugnisse, Lästerungen. Diese Dinge sind es, die den Menschen verunreinigen."

„Das menschliche Herz gleicht also seit dem Sündenfall einem Vorratslager an sündhaftem Verhalten und schlechten Gewohnheiten. Von der Sünde vergiftet, produziert er immer neue Sünde. Anlagemäßig ist er deshalb zu jeder Sünde fähig. Damit ist jedoch nicht gemeint, daß die Sünde in allen Lebensbereichen zum Ausbruch kommt. Der unschätzbare Wert einer guten Erziehung und das Einüben positiver Verhaltensmuster dürfen an dieser Stelle nicht übersehen werden. Doch unabhängig von der Zahl und Art der Sünden, die ein Mensch begangen hat, ist er verloren, weil seine Wesensart verdorben ist."[3]

2.4 Das Wesen der Sünde

Die unterschiedlichen Wesenszüge der Sünde werden im Alten und Neuen Testament durch verschiedene Begriffe umschrieben. Beigefügte Erklärungen können für die Ursachenforschung eines Problems in der Seelsorge dienlich sein.

„a) Alttestamentliche Begriffe

Avah
verbiegen, verkehrt handeln
Sünde als Entstellung
Ps. 38,5-7; Hiob 33,27; 2.Sam.7,14

Ra
zerbrechen, zerstören
Sünde als Zerstörungskraft
Hab.1,13; 2.Mo.32,22; 5.Mo.22,22

Pascha
sich auflehnen, abtrünnig sein
Sünde als Rebellion
Jes.1,2; Jer.2,8+29; Hos.8,1

Rascha
Tumult, Verwirrung, Hin- und Hergeworfensein
Sünde als Richtungslosigkeit
Jes.48,22; 57,20+21

Maal
Vertrauen brechen, verraten
Sünde als Untreue
Esr.9,2; 10,2; 5.Mo.32,51

Aven
Mühe, Hohlheit, Trug
Sünde als leerer Wahn
Jes.41,29; Spr.22,8

Ascham
Schuld durch Fahrlässigkeit
Sünde als Versäumnis
Ps.68,22; Jer.51,5

Chata
abirren, zurückbleiben, einen Fehltritt machen
Sünde als Zielverfehlung Tatsünde
1.Mo.20,6; Spr.8,36; Ps.51,6

Amal
Anstrengung, Sorge
Sünde als Last
5.Mo.26,7; Ps.90,10; 140,10

Aval
ungerecht, unfair
Sünde als egoistisches Unrecht
Jes.26,10; Mal.2,6; Ps.7,4

b) Neutestamentliche Begriffe

Harmatia
abirren, Sünde
Sünde als Zielverfehlung
Joh.16,8-9; Röm.3,20-23

Parabasis
Grenzlinie überschreiten
Sünde als Übertretung
Röm.4,15; Hebr.2,2; 9,15

Anomia
Gesetzlosigkeit
Sünde als Ablehnung göttlichen Maßstabs
Tit.2,14; Mt.24,12

Kakon
Bosheit, das Böse
Sünde als Zerstörungskraft
Luk.16,25; 1.Petr.3,9-12; Röm.1,29

Paraptoma
fallen, wo man aufrecht stehen soll
Sünde als Versagen
Mt.6,14+15; Röm.5,20; Gal.6,1; Kol.2,13

Agnoema
Unkenntnis
Sünde als Unwissenheit
Hebr.9,7

Poneria
Schlechtigkeit
Sünde als gottwidriges Denken und Handeln
Mt.6,13; Mk.7,22; Röm.1,29; 1.Thess.5,22"[4]

Sünde tun heißt, bewußt oder unbewußt zu Gott sagen:
„Ich tue, was ich will; egal was du willst."[5]

Das Hauptproblem des Menschen ist demnach die Sünde. Aus ihr entspringen alle eigentlichen Lebensprobleme.

Biblische Seelsorge will demnach aufdecken, was wirklich im Herzen des Menschen vorhanden ist und spricht von konkreter Schuld vor Gott. Im Gegensatz dazu beschäftigt sich moderne Beratung viel mit „Schuldverschiebung". Dazu einige Gedanken:

2.5 Seelsorge kontra Psychotherapie

2.5.1 Der Mensch und die Sünde in der Psychotherapie

„Mit dem Aufkommen der Psychotherapie wird der Begriff ‚Schuld' mehr und mehr durch den Terminus ‚Schuldgefühle' (Gefühl, schuldig zu sein) in zwischenmenschlichen Beziehungen ersetzt."[6]

Das Wissen um Schuld wird auf mehreren Wegen bekämpft:

a) Religiöse und moralische Maßstäbe werden als schädlich angesehen. Sie seien es, die das Schuldproblem verursachen.

   Nach dieser Vorstellung muß man die moralischen Maßstäbe loswerden, um sich von Schuld zu befreien. Die Folge davon ist, daß es keine allgemein anerkannten Maßstäbe mehr für das gibt, was richtig ist, wie menschliches Leben auszusehen hat. Der einzelne Psychotherapeut legt den Maßstab fest. Er bietet deswegen oft Systeme der Beratung und Lebensführung an, die der biblischen Wahrheit entgegengesetzt sind.

b) Die moralische Eigenverantwortung wird dem Menschen mehr und mehr entzogen. Der Ratsuchende sei letztlich ein „Opfer" von Menschen oder Umständen. Die anderen seien schuld an seinen Lebensproblemen.

c) Aus Sünde wird Krankheit.

2.5.2 Einige Thesen aus der Welt der Psychotherapie

- Sünde ist, was dem Nächsten schadet.
- Homosexualität und Alkoholismus sind Krankheiten.
- Der Mensch ist das Opfer der Erziehung. Die Eltern tragen alle Schuld (Freud).
- Der Mensch ist grundsätzlich gut und braucht keine Hilfe von außen (Rogers).
- Der Mensch ist durch Lustbefriedigung glücklich und gesund. Was er fühlt, soll er tun (Rogers).
- Der Mensch ist nur ein höherentwickeltes Tier ohne eigenen Wert (Skinner).
- Normal ist, was ein ausreichend großer Personenkreis zu bestimmter Zeit, an einem bestimmten Ort tut (z.B.: Homosexualität, Zusammenleben ohne Trauschein ...).

Diese Thesen haben enorme Auswirkungen auf die Beratung eines Menschen.

„Das Ziel der Psychotherapie ist letztlich der autonome Mensch. Deswegen geht es ihr im einzelnen um: seelisches Gleichgewicht, Angstfreiheit, Selbstsicherheit, Genußfähigkeit, Fähigkeit zu Selbstverwirklichung, soziale Kompetenz etc."[7]

Im Vergleich dazu hat eine biblische Seelsorge als Zielsetzung die Christusverherrlichung im Leben des Menschen.

2.5.3 Einige Thesen aus einer biblischen Seelsorge

„- Biblische Seelsorge stützt sich auf das Wort Gottes und nicht auf menschliches Wissen (2.Tim.3,16).
- Biblische Seelsorge geht von einem biblischen und nicht humanistischen Menschenbild aus.
- Biblische Seelsorge hat Christus im Zentrum und nicht den Menschen.
- Biblische Seelsorge führt zur Sündenerkenntnis und nicht zur Selbstliebe.
- Biblische Seelsorge betont die Verantwortlichkeit des Menschen. Sie spricht von Sünde und nicht nur von Krankheit.
- Biblische Seelsorge kennt nicht die erfolgreiche Methode oder das wirkungsvolle geistliche Prinzip.

Biblische Beratung steht demnach der Psychotherapie mit ihren über 250 Systemen und über 10. 000 Praktiken im krassen Gegensatz gegenüber."[8]

2.5.4 Die Vereinigung von biblischer Seelsorge und Psychotherapie

Zu erwähnen wäre noch die sogenannte „Christliche Psychotherapie". Obwohl psychotherapeutische Methoden das humanistische Grundpostulat („Der Mensch ist von Natur aus gut") voraussetzen, sind ihre Vertreter der Meinung,

a) daß man das Beste der psychologischen „Wahrheit" nehmen und es mit der biblischen Wahrheit vereinigen kann (Integrationsmodell),

b) daß man psychotherapeutische Methoden problemlos von der Philosophie des Begründers ablösen kann (Wertneutralität der Methoden).

Jeder Seelsorger muß sich nun mit der Frage auseinandersetzen, ob die Vereinigung von zwei sich widersprechenden Systemen zu einem neuen Ganzen nicht das ursprüngliche System zerstört. Hat die Vermischung heidnischer Elemente mit dem christlichen Glauben (Synkretismus) nicht immer einen schwächenden, ja sogar tödlichen Einfluß auf die Christenheit gehabt?

Literaturempfehlung:
- Martin und Deidre Bobgan: „Psychotherapie oder biblische Seelsorge", Christliche Literatur-Verbreitung Bielefeld, deutsche Ausgabe 1991
- Antholzer/Schirrmacher: „Psychotherapie - der fatale Irrtum", Schwengeler Verlag, 3. Auflage 1997
- Verschiedene Autoren zu: Seelsorge kontra Psychotherapie, Schriften des Bibelbundes, Verlag „Bibel und Gemeinde" Heft 1/98

An der Stelle möchte ich auch die „Gemeindeorientierte Initiative für biblische Beratung" (GIBB) vorstellen (Postfach 5, D-87475 Sulzberg). Diplom-Psychologe Roland Antholzer und sein Team bemühen sich um eine allein auf die Schrift gegründete Seelsorgepraxis. Sie bieten zum Thema Seelsorge in ganz Deutschland Schulungen an.

3. Ziele der Seelsorge

3. DIE ZIELE DER SEELSORGE

Biblische Beratung muß von göttlichen Zielen ausgehen. Wer das Ziel nicht kennt, kann den Weg nicht finden. Die Absichten Gottes mit einem Menschen dürfen bei der Problemlösung nicht außer Acht gelassen werden.

3.1 Die Beziehung zu Gott

Matth.22,37+38: „Du sollst den Herrn, deinen Gott, lieben mit deinem ganzem Herzen und mit deiner ganzen Seele und mit deinem ganzen Verstand. Dies ist das größte und erste Gebot."

In der biblischen Beratung geht es zuerst um die Beziehung des Ratsuchenden zu Gott. Seelsorge soll dem Menschen helfen, sich vor Gott so zu sehen, wie Gott ihn sieht. Es muß eine Diagnose gestellt werden. Jede Lebensberatung strebt ein Ziel an: Menschen zu verändern. Wie soll aber Veränderung geschehen, wenn der Ratsuchende Christus nicht als persönlichen Retter und Herrn kennt? Hier wird in der Seelsorge grundsätzlich zwischen der Beratung eines Christen von der eines Nichtchristen unterschieden.

3.1.1 Die Beratung von Nichtchristen

Bevor wir einen Nichtgläubigen beraten, müssen wir uns folgende Tatsachen bewußt machen:
- Wer nicht glaubt, kann die Schrift letztlich nicht richtig verstehen.
  1.Kor.2,14: „Der natürliche Mensch vernimmt nichts vom Geist Gottes. Es ist ihm eine Torheit, und er kann es nicht erkennen, denn es muß geistlich verstanden sein."

- Wer nicht glaubt, lebt nicht aus der Kraft, die der Geist Gottes gibt. Der Geist befähigt erst, das Wort Gottes zu verstehen. Er gibt auch die Kraft, dem Wort zu gehorchen.
  2.Petr.1,3: „Alles, was zum Leben und zum göttlichen Wandel dient, hat uns seine göttliche Kraft geschenkt durch die Erkenntnis des, der uns berufen hat durch seine Herrlichkeit und Kraft."

- Wer nicht glaubt, braucht mehr als die Lösung seines Problems. Ein Heftpflaster hilft nicht, wo eine Operation notwendig ist.

Joh.4,15+18: „Die Frau spricht zu ihm: Herr, gib mir dieses Wasser, damit ich nicht dürste, und ich nicht hierher komme, um zu schöpfen (Heftpflaster)... Jesus spricht zu ihr: fünf Männer hast du gehabt, und der, den du jetzt hast, ist nicht dein Mann (Operation)."

„Wir bewegen uns bei der Seelsorge von Nichtchristen in einem Bereich der problemorientierten Evangelisation. Man kann beschreiben, was geschehen müßte, und wie man sich die eigentliche Hilfe vorstellt. Dann muß man eingestehen, daß man nichts mehr tun kann, z.B. so: ‚Stellen Sie sich vor, Sie kämen in mein Haus und würden darauf verzichten zu klingeln, zu klopfen oder sich sonst irgendwie bemerkbar zu machen. Sie würden einfach die Tür öffnen und kämen herein. Dann gingen Sie in die Küche, öffneten den Kühlschrank und bedienten sich. Sie würden sich ein Schinkenbrot nehmen und noch ein Glas Saft dazu trinken. Dann würden Sie sagen: ‚Ach, ich bin müde', und würden sich in mein Bett legen. Was meinen Sie, fände ich das in Ordnung? Warum nicht? Weil Sie nicht zur Familie gehören. Bei meinem Mann und meinen Kindern wäre das etwas ganz anderes. Was Gott in der Heiligen Schrift an Wunderbarem verspricht, ist nur dann für Sie bestimmt, wenn Sie zur Familie Gottes gehören. Aber bis jetzt sind Sie noch kein Familienmitglied (Joh.1,12). Ich möchte, daß Sie Gottes Hilfe erleben. Wir stehen aber im Moment vor einer Mauer. Alles, wovon wir gesprochen haben, liegt jenseits dieser Mauer. Sie sind noch auf dieser Seite. Es gibt nur eine Möglichkeit hinüberzukommen: durch Christus, der gesagt hat: Ich bin die Tür.'"[9]

Es ist lieblos, dem Ratsuchenden seine Verlorenheit und Erlösungsbedürftigkeit zu verschweigen. Deswegen muß die Beratung des Nichtchristen die Besprechung des Heilsweges miteinschließen. Dazu empfehle ich das Heft „Zehn Schritte zur Freude" von Herbert Masuch. Es ist nämlich unbarmherzig.

Das oberste seelsorgerliche Ziel bei der Beratung eines Nichtchristen muß die Versöhnung mit Gott sein.

3.1.2 Die Beratung von Christen

Biblische Beratung soll die Liebes-, Vertrauens- und Gehorsamsbeziehung des Gläubigen zu Gott fördern. Seelsorge wird bestrebt sein, den Gläubigen zu innigerem Umgang mit Gott, zu kindlicherer Abhängigkeit in allen Lebensbereichen vom himmlischen Vater und zu wachsender, selbstloser Hingabe an den Herrn Jesus Christus zu ermutigen. Dazu müssen Christen immer wieder ihr Leben vor Gott ordnen und schlichten Gehorsam praktizieren.

An dieser Stelle sei betont, daß es grundsätzlich jedem wiedergeborenen Menschen möglich ist zu tun, was Gott von ihm verlangt. Als Christ hat er ein neues Leben begonnen. Aber er muß wissen, daß er in allem, was sich ändern soll, ganz auf Gottes Hilfe angewiesen ist. Veränderungen entstehen durch das Wort Gottes und die Macht des Geistes und nicht durch den Seelsorger. Umgekehrt ist jede Beratung, die nicht davon ausgeht, daß allein Gottes Macht einen Menschen ändern kann, ihrem Wesen nach unchristlich. Um die Beziehung zu Gott zu fördern, muß der Herr auch im Zentrum des Beratungsgespräches bleiben.

„Liebst du mich mehr als diese?" (Joh.21,15)

3.2 Das Verhältnis zum Wort Gottes

Ps.19,8-12: „Das Gesetz des Herrn ist vollkommen und erquickt die Seele; das Gebot des Herrn ist lauter und erleuchtet die Augen. Die Furcht des Herrn ist rein und besteht in Ewigkeit. Die Rechtsbestimmungen des Herrn sind Wahrheit, sie sind gerecht allesamt; sie, die köstlicher sind als Gold, ja viel gediegenes Gold, und süßer als Honig und Honigseim. Auch wird dein Knecht durch sie gewarnt; in ihrer Befolgung liegt großer Lohn."

Biblische Beratung soll dem Christen helfen, sein Leben nach der Heiligen Schrift auszurichten.

Gottes Wort soll dem Ratsuchenden als Maßstab für alle Lebenslagen lieb gemacht werden. Er muß die biblischen Aussagen zu einem Thema kennenlernen, um biblische Wege beschreiten zu können. Hier hat die informative Belehrung und Beratung ihren Platz. Der Seelsorger soll sich deswegen im Gespräch oft auf das Wort Gottes beziehen. Dazu soll der Ratsuchende bestimmte Bibelverse selbst vorlesen und erklären. Bibelstellen müssen in ihrem Kontext besprochen werden. Der Ratsuchende wird dadurch befähigt, Ratschläge selbst am Wort Gottes zu prüfen. Er soll ja Gottes Anweisung und nicht den Rat des Seelsorgers befolgen! Es gilt also, im Wort der Wahrheit fest zu stehen und immer weiter darin zu forschen.

„Laßt das Wort Gottes reichlich wohnen in euch: lehrt und ermahnt einander in aller Weisheit" (Kol.3,16).

3.3 Das Wachstum in der Heiligung

1.Thess.4,3a: „Denn das ist Gottes Wille: eure Heiligung."

Biblische Beratung soll dem Christen helfen, in der Heiligung zu wachsen. Heilig sein heißt, ganz für Gott abgesondert zu sein. Im Prozeß der Heiligung wird die Ebenbildlichkeit Gottes im Menschen, wie sie vor dem Sündenfall war, wieder hergestellt.

3.3.1 Die Basis der Heiligung

- Die Basis für die Heiligung ist Jesus Christus. Heiligung ist demnach sein Werk.
  1.Kor.1,30: „Aus ihm aber kommt es, daß ihr in Christus seid, der uns geworden ist Weisheit von Gott und Gerechtigkeit und Heiligkeit und Erlösung."

- In seiner Stellung ist der Gläubige grundsätzlich schon vollendet.
  Hebr.10,14: „Denn mit einem Opfer hat er die, die geheiligt werden, für immer vollendet."

- Im Wandel des Gläubigen ist die Heiligung noch zu verwirklichen.
  1.Petr.1,15b: „Seid heilig, denn ich bin heilig" (2.Kor.7,1).

3.3.2 Das Werk der Heiligung

a) *Der Kampf zwischen Fleisch und Geist*

Gal.5,17: „Denn das Fleisch begehrt gegen den Geist auf, der Geist aber gegen das Fleisch; denn diese sind einander entgegengesetzt, damit ihr nicht das tut, was ihr wollt."

Gal.5,24: „Die aber dem Christus Jesus angehören, haben das Fleisch samt den Leidenschaften und Begierden gekreuzigt."

Bei der Bekehrung zieht der Heilige Geist in einen Körper ein, der von der Sünde verderbt ist. Das führt bei einem wiedergeborenen Christen zu einem Ringen zwischen Fleisch (alte Natur) und Geist (neue Natur). Das Werk der Heiligung kann der Herr Jesus dann tun, wenn der Christ bereit ist, in Selbstverleugnung seinen Platz am Kreuz einzunehmen. Das heißt: der Gläubige identifiziert sich damit, daß sein Ich mit Christus gekreuzigt ist. Der tägliche Kampf der Selbstverleugnung wird demnach nur von denen erfolgreich geführt, die alle Rechte ihrer Existenz aufgeben und sich Jesus Christus ganz hingeben. Das allein führt zum Wandel im Geist (Röm.8,4; Gal.5,16).

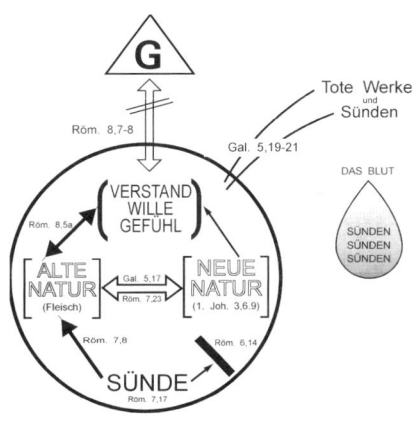

DER NEUE MENSCH
Wandel nach dem Fleisch
(Röm. 7,14-24)

(Roland Antholzer: „Das ausgetauschte Leben", Skizze 1)

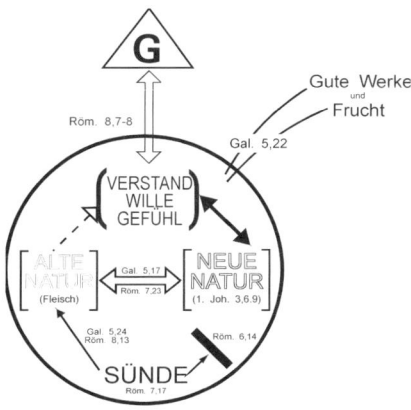

DER NEUE MENSCH
Wandel nach dem Geist
(Röm. 6,4 und 8,1-5)

(Roland Antholzer: „Das ausgetauschte Leben", Skizze 2)

b) *Der Prozeß von Ablegen und Anziehen*

Eph.4,21-24: „Die Wahrheit in Jesus ist: daß ihr, was den früheren Lebenswandel angeht, den alten Menschen abgelegt habt, der sich durch
betrügerische Begierden zugrunde richtet, dagegen erneuert werdet in
dem Geist eurer Gesinnung und den neuen Menschen angezogen habt,
der nach Gott geschaffen ist in wahrhaftiger Gerechtigkeit und Heiligkeit.
Deshalb legt die Lüge ab ...“

„Ist hier die Rede vom Abgewöhnen irgendwelcher sündigen Verhal-
tensweisen und Angewöhnen guter Eigenschaften? Nein, es wird vielmehr
gesagt, daß der Gläubige den alten Menschen abgelegt und den neuen
Menschen angezogen hat. Das ist bereits vollendete Tatsache (daher
Vergangenheitsform). Auf der Grundlage dieser geistlichen Tatsache ist
der Christ nun herausgefordert, die Werke des alten Menschen abzulegen
(Lüge, Zorn, Stehlen usw.) Nun geht es aber, wie schon erwähnt, nicht
darum, sündige Gewohnheiten selbst zu ändern. Es geht um zweierlei:
- sich im Glauben auf die Grundlage dessen zu stellen, daß der alte
  Mensch tot ist
- die Ansprüche des Fleisches (Hinterlassenschaft des alten Menschen)
  zu verleugnen.
Ablegen hat also mit Sterben zu tun. Leben kommt aus dem Sterben.“
(Aus einem persönlichen Brief von Roland Antholzer, Dezember 1997)

c) *Die Befreiung von der Sünde*

Röm.6,6+7: „Da wir dies wissen, daß unser alter Mensch mitgekreuzigt
worden ist, damit der Leib der Sünde abgetan sei, daß wir der Sünde nicht
mehr dienen. Denn wer gestorben ist, ist freigesprochen von der Sünde.“
Röm.6,22: „Jetzt aber von der Sünde frei gemacht und Gottes Sklaven
geworden, habt ihr eure Frucht zur Heiligkeit, als das Ende aber ewiges
Leben.“

Die Bibel lehrt, daß der Herr Jesus den Gläubigen nicht nur von der
Strafe der Sünde (ewiger Tod) sondern auch von der Macht der Sünde
befreit. Durch das Einssein mit Christus in seinen Tod ist der Gläubige der

Sünde gestorben. Indem er sich nun täglich „der Sünde für tot hält, für Gott aber lebend in Christus Jesus" (Röm.6,11), entfaltet sich geistliches Leben und Heiligung wird gewirkt. Wer sich an Christus verloren hat, ist frei.

d) *Die Umgestaltung in das Wesen Jesu*

2.Kor.3,18: „Wir alle aber schauen mit aufgedecktem Angesicht die Herrlichkeit des Herrn an und werden so verwandelt in dasselbe Bild von Herrlichkeit zu Herrlichkeit, wie es vom Herrn, dem Geist, geschieht."
Röm.8,29a: „Denn die er vorher erkannt hat, die hat er auch vorherbestimmt, dem Bilde seines Sohnes gleichförmig zu sein."

Ein weiterer Aspekt der Heiligung ist die Charakterveränderung in das Bild Jesu. Das geschieht, indem der Gläubige durch die Beschäftigung mit dem Wort Gottes „Jesus Christus anschaut". Der stille Umgang mit dem Herrn, das Hören auf Sein Wort und das Gespräch mit Ihm stärkt die Liebesbeziehung des Erlösten zu seinem Herrn. Auch im geistlichen Bereich bewahrheitet sich der Satz aus dem Volksmund: „Was du anschaust, prägt dich"; oder: „Sag mir, mit wem Du umgehst, und ich sage dir, wer du bist ..." Gottes hohes Ziel mit seinen Kindern ist, daß sie dem Wesen seines Sohnes gleich werden.

3.3.3 Die Dauer der Heiligung

1.Thess.5,23+24: „Er selbst aber, der Gott des Friedens, heilige euch völlig; und vollständig möge euer Geist und Seele und Leib untadelig bewahrt werden bei der Ankunft unseres Herrn Jesus Christus."
Heiligung ist ein lebenslanger Prozeß, bei dem Gott sein Werk durch den Menschen tut. Die folgende Tabelle soll das verdeutlichen:[10]

Lehre	Geschehen in einem Augenblick	lebenslanger Prozeß	Gott wirkt es allein	Gott wirkt es durch den Menschen
Wiedergeburt	X		X	
Bekehrung: Reue und Glaube	X			X
Rechtfertigung	X		X	
Heiligung		X		X
Verherrlichung	X		X	

3.3.4 Die Ergebnisse der Heiligung

a) nach oben: Gottesverherrlichung
Eph.1,7+12+14: „... damit wir zum Preis seiner Herrlichkeit seien."

b) nach innen: Geistesfrucht, geheiligter Charakter, Jesusähnlichkeit
Gal.5,22: „Die Frucht des Geistes ist Liebe, Freude, Friede, Langmut, Freundlichkeit, Güte, Treue, Sanftmut, Enthaltsamkeit."

c) nach außen: Lebensfrucht, gute Werke, Nützlichkeit, Gebräuchlichkeit
Joh.15,5b: „Ich bin der Weinstock, ihr seid die Reben. Wer in mir bleibt und ich in ihm, der bringt viel Frucht, denn getrennt von mir könnt ihr nichts tun."

d) nach unten: Widerstand gegen Satan, Wachsamkeit, Sieg über Versuchungen
Eph.6,10+11: „Werdet stark im Herrn und in der Macht seiner Stärke. Zieht die ganze Waffenrüstung an, damit ihr gegen die Listen des Teufels bestehen könnt."

3.3.5 Lebensbericht über ein verändertes Heiligungsverständnis

Biblische Belehrung über das Werk der Heiligung wird nicht automatisch zur geistlichen Erkenntnis. Erkenntnis ist nicht nur eine Sache des

Verstehens, sondern Resultat eines Offenbarungsgeschehens. Sie wird jedem geschenkt, der ernstlich danach sucht und bereit ist, die damit verbundenen Konsequenzen zu tragen.

Ingrid Wunschik (46 Jahre alt) gelangte im November 1997 bezüglich des Heiligungsverständnisses zu einer tieferen Erkenntnis. Sie schreibt:

„Ich komme aus einem evangelischen Elternhaus. Durch das Lesen in der Bibel bekam ich erst mit 32 Jahren wahre Sündenerkenntnis, worauf die Bekehrung zu Jesus Christus folgte. Ich bezweifelte danach nie, daß die Errettung aus Gnaden geschieht und hatte deswegen auch keine Probleme mit der Heilsgewißheit.

Aber bis vor kurzem verstand ich die Bibelverse von den ‚anvertrauten Pfunden‘ (Matth.25,14-30) oder ‚Wer weiß, Gutes zu tun, und tut es nicht, dem ist es Sünde‘ (Jak.4,17) und ‚Ihr sollt heilig sein, denn ich bin heilig‘ (1.Petr.1,15-16) falsch. Ich dachte immer, **ich** müßte mich heiligen und Christus in mir würde mir dabei helfen. Diese Heiligung versuchte ich durch Opfern voranzutreiben. Das beinhaltete für mich einerseits Verzicht und andererseits das Tun vieler guter Werke, um heiliger zu werden.

Zum Schluß trug ich eine fromme Maske, war zutiefst deprimiert und am Ende meiner Kraft. Seit ein paar Jahren wußte ich, daß in meinem Leben geistlich etwas schief lief, und ich bat den Herrn, es mir zu zeigen. Durch die Bücher ‚Das normale Christenleben‘ von Watchman Nee und ‚Befreiung von der Macht der Sünde‘ von Charles G. Trumbull ging mir ein neues Licht auf.

Christus allein ist meine Heiligung. Er lebt sein neues Jesus-Leben in mir. Wie bei der Errettung allein aus Gnaden durch den Glauben, so heiligt er mich auch ohne Zutun meiner toten Werke.

Für mich bedeutet Heiligung nun, mich selbst einem Stärkeren zu ergeben, der mit mir machen kann, was er will (Röm.12,1+2). Ich glaube daran, daß die ‚alte Ingrid‘ mitgekreuzigt ist und trenne mich gedanklich von ihr. Das macht den Blick für Jesus Christus frei. Über meinem neuen Leben mit ihm steht jetzt: Nichts hab` ich zu bringen, alles ist er.“

3.3.6 Zusammenfassung

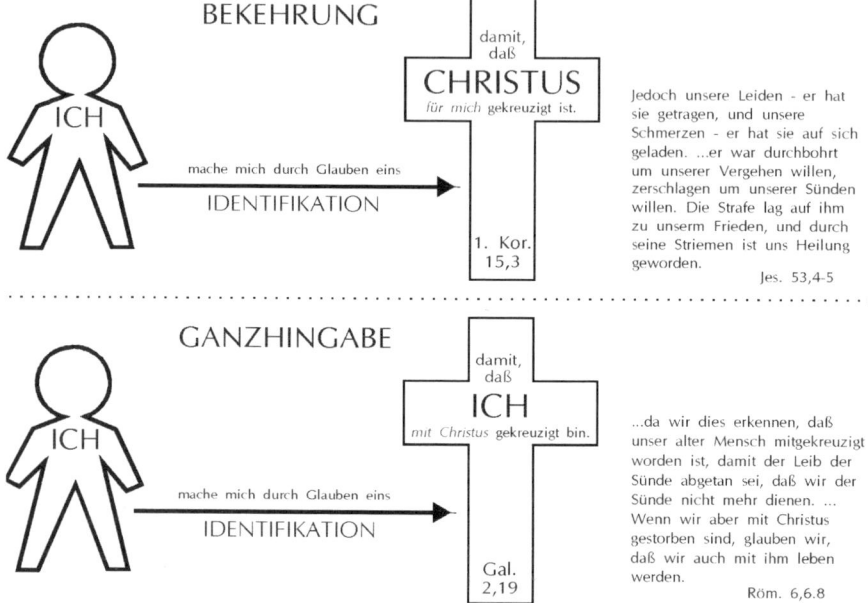

BEKEHRUNG

ICH

mache mich durch Glauben eins

IDENTIFIKATION

damit, daß

CHRISTUS

für mich gekreuzigt ist.

1. Kor. 15,3

Jedoch unsere Leiden - er hat sie getragen, und unsere Schmerzen - er hat sie auf sich geladen. ...er war durchbohrt um unserer Vergehen willen, zerschlagen um unserer Sünden willen. Die Strafe lag auf ihm zu unserm Frieden, und durch seine Striemen ist uns Heilung geworden.

Jes. 53,4-5

GANZHINGABE

ICH

mache mich durch Glauben eins

IDENTIFIKATION

damit, daß

ICH

mit Christus gekreuzigt bin.

Gal. 2,19

...da wir dies erkennen, daß unser alter Mensch mitgekreuzigt worden ist, damit der Leib der Sünde abgetan sei, daß wir der Sünde nicht mehr dienen. ... Wenn wir aber mit Christus gestorben sind, glauben wir, daß wir auch mit ihm leben werden.

Röm. 6,6.8

(Roland Antholzer: „Das ausgetauschte Leben", Skizze 3)

Gal.2,20: „Ich bin mit Christus gekreuzigt, und nicht mehr lebe ich, sondern Christus lebt in mir; was ich aber jetzt lebe im Fleisch, lebe ich im Glauben an den Sohn Gottes, der mich geliebt und sich selbst für mich hingegeben hat."

Bei dem Prozeß der Heiligung geht es letztlich um ein ausgetauschtes Leben. Heiligung wird dann gewirkt, wenn sich der Gläubige als mit Jesus Christus gekreuzigt versteht. Der Gläubige überläßt dem Herrn Jesus den Thron seines Lebens. Das heißt: er gibt seinem Herrn eine Blankounterschrift („Ich habe keine Rechte. Du kannst mit mir machen, was du willst"). Seine irdische Existenz wird dann durch Christus in dem Maß verändert, wie der Gläubige bereit ist, Jesus durch ihn leben zu lassen.

„Heilige sie in deiner Wahrheit: dein Wort ist Wahrheit. Wie du mich in die Welt gesandt hast, habe auch ich sie in die Welt gesandt; und ich heilige mich selbst für sie, damit auch sie Geheiligte seien durch die Wahrheit" (Joh.17,17-19).

Diese übergeordneten Ziele (Beziehung zu Gott, Verhältnis zum Wort Gottes, Wachstum in der Heiligung) führen zu konkreten Schritten in der Nachfolge.

3.4 Die Reinigung des Herzens

Die Ausführungen des Buches beziehen sich vorrangig auf den Umgang mit Sünde und unbiblischen Denkmustern in der Seelsorge. Ziel biblischer Beratung wird deswegen die Reinigung des Christenlebens durch die Buße sein.

3.4.1 Die Merkmale echter Buße

In der Bibel bedeutet das Wort „Sinnesänderung". Ungers Bibellexikon definiert Buße als „grundsätzliche und tiefgehende Umkehr im Herzen des Menschen, eine Abwendung von Sünde und Hinwendung zu Gott".

„a) Echte Buße überwindet das Abwehrverhalten

Joh.3,20: ‚Denn jeder, der Arges tut, haßt das Licht und kommt nicht zu dem Licht, damit seine Werke nicht bloßgestellt werden.'

Gründe für dieses Abwehrverhalten sind Angst, schlechtes Gewissen und Bedrohung des Selbstbildes."[11]

„b) Echte Buße beendet die Abwehrstrategien

1.Joh.1,10: „Wenn wir sagen, daß wir nicht gesündigt haben, machen wir ihn zum Lügner und sein Wort ist nicht in uns."

- Rationalisieren: ,Die Sache hat Gründe, für die ich nicht verantwortlich bin.'
- Verdrängen: ,Die Sache existiert nicht (und damit gibt es auch keine Schuld).'
- Verschieben: ,Die Schuld an der Sache liegt bei jemand anderem.'
- Leugnen: ,Ich habe keine Schuld an der Sache.'
- Verharmlosen: ,Die Sache ist nicht so schlimm.'
- Verteidigen durch Angriff: ,Du bist schuld!'
- Verbergen: ,Die Sache hat niemand gesehen.'
- Verniedlichen: ,Einmal ist keinmal.'
- Verallgemeinern: ,Die anderen tun es auch.'[12]

c) Echte Buße beginnt mit einem Selbstgericht

Ps.51,5+6: „Denn ich erkenne mein Vergehen, und meine Sünde ist stets vor mir. Gegen dich, gegen dich allein habe ich gesündigt, und getan, was böse ist in deinen Augen; damit du im Recht bist mit deinem Reden, rein erfunden in deinem Richten."

1.Kor.11,31: „Wenn wir uns selbst beurteilen, so würden wir nicht gerichtet."

2.Kor.7,9+10: „Jetzt freue ich mich ... , daß ihr zur Buße betrübt worden seid ... Denn die Betrübnis nach Gottes Sinn bewirkt eine nie zu bereuende Buße zum Heil ..."

- Der in Sünde gefallene Gläubige gelangt zu innerer Einsicht.
- Er erkennt sein Vergehen und weicht der Anklage Gottes nicht länger aus.
- Er richtet sich selbst nach dem Maßstab der göttlichen Gerechtigkeit.
- Er stellt sich gegen sich selbst auf die Seite Gottes und gibt ihm recht. Ein Ausleger schreibt: „Gott ist, indem er den Sünder verurteilt, gerecht und heilig. Der Mensch muß dies im Lichte des Wortes Gottes erkennen und sich selbst unrecht geben, damit Gott recht habe und allein recht behalte."
- Dieses Selbstgericht ist mit Trauer über die Sünde verbunden.

d) Echte Buße beinhaltet das Schuldbekenntnis vor Gott

Ps.32,3-5: „Als ich schwieg, zerfielen meine Gebeine durch mein Gestöhn den ganzen Tag. So tat ich dir kund meine Sünde und deckte meine Schuld nicht zu. Ich sagte: Ich will dem Herrn meine Übertretungen bekennen; und du, du hast vergeben die Schuld meiner Sünde."

1.Joh.1,9: „Wenn wir unsere Sünden bekennen, ist er treu und gerecht, daß er uns die Sünden vergibt und uns reinigt von jeder Ungerechtigkeit."

Spr.28,13: „Wer seine Verbrechen zudeckt, wird keinen Erfolg haben; wer sie aber bekennt und läßt, wird Erbarmen finden."

Das Bekennen der Schuld vor Gott schließt auch das tatsächliche Aufhören mit der Sünde ein.

e) Echte Buße zieht Werke der Buße nach sich

- Dazu gehört das Bekennen der Sünde eventuell auch vor Menschen und schließt die Bitte um Vergebung mit ein.
  Jak.5,16: „Bekennt nun einander die Vergehungen und betet füreinander, damit ihr geheilt werdet."

- Dazu gehört die Trennung von Gegenständen und Verbindungen, die Gott nicht gefallen.
  Apg.19,19: „Viele aber von denen, die vorwitzige Künste getrieben hatten, trugen die Bücher zusammen und verbrannten sie vor allen."

- Dazu gehört die Wiedergutmachung von Schaden, sowie die Wiederherstellung oder Erstattung von Dingen.
  Luk.19,8: „... wenn ich von jemand etwas durch falsche Anklage genommen habe, so erstatte ich es vierfach."

- Dazu gehört die Erneuerung der Hingabe und die bereitwillige Unterwerfung unter Gottes Willen zu seinem Dienst.
  Röm.12,1: „Ich ermahne euch nun, Brüder, durch die Erbarmungen

Gottes, eure Leiber darzustellen als ein lebendiges, heiliges, Gott wohl-gefälliges Opfer, was euer vernünftiger Gottesdienst ist.

3.4.2 Die Notwendigkeit der Buße

Oswald Chambers schreibt: „Sobald unser Leib durch die Vorsehung Gottes neuen Bedingungen unterstellt ist, haben wir dafür besorgt zu sein, daß wir unser natürliches Leben zur Unterordnung unter die Vorschriften des Geistes Gottes bekehren. Wenn wir es einmal getan haben, ist dies kein Beweis dafür, daß wir es immer wieder tun werden. Das Verhältnis vom Natürlichen zum Geistlichen besteht in einer fortwährenden Um-kehr. Unser geistliches Leben wird dadurch gehemmt, daß wir nicht zu dieser fortgesetzten Umkehr bereit sind. Es gibt Zeiten, in denen unser Eigensinn auf dem Thron pfeift und einfach sagt: ‚Ich will nicht.‘ Ursache unserer Weigerung ist immer willentlicher Eigensinn. Wir machen unse-ren Eigenwillen zu Göttern und benennen sie mit falschen Namen. Was Gott als eigensinnige Schwachheit ansieht, nennen wir Stärke; und jene Halsstarrigkeit, die wir Willenskraft nennen, sieht Gott als verachtenswer-te Schwachheit an. Es gibt in unserem Leben noch ganze Gebiete, die Gott noch nicht unterworfen sind. Doch unser natürliches Leben soll nicht die Herrschaft haben. Gott soll in uns herrschen. Langsam aber si-cher, können wir dann das ganze Territorium für den Geist Gottes in An-spruch nehmen.“[13]

3.4.3 Seelsorge und Buße

„Aufgabe des Seelsorgers ist es, den Ratsuchenden durch Belehrung, Ermahnung, Zurechtweisung und Ermunterung von seinem falschen Weg abzubringen. Er versucht, ihn zum Kreuz zu führen. Durch das geist-geleitete Hineinsagen des lebendigen Wortes in das Leben des anderen wird dessen Geist erreicht. Wenn nun sein Herz sich dem leben-schaffenden Impuls stellt, reagiert der Ratsuchende geistlich. Das heißt, er wird in selbstverleugnender Haltung über eigene Wege Buße tun. Das kann ein Sündenbekenntnis im Beisein eines Seelsorgers mit einschließen. Wie echt und wie tief die Buße ist, sieht aber letztlich nur der Herr. Die Folge davon wird Reinigung und damit ein Stück Wachstum in der

Heiligung sein. Wird dieser Impuls verworfen, reagiert der Gläubige fleischlich. Er verharrt in der Sünde des Eigenwillens. Das Problem wird zunächst ungelöst bleiben. Geistliche Frucht ist immer ein Geschenk, das angenommen werden muß und nicht erzwungen werden kann." (Roland Antholzer)

„Da wir nun diese Verheißungen haben, Geliebte, so wollen wir uns reinigen von jeder Befleckung des Fleisches und des Geistes und die Heiligung vollenden in der Furcht Gottes" (2.Kor. 7,1).

4. Der Seelsorger

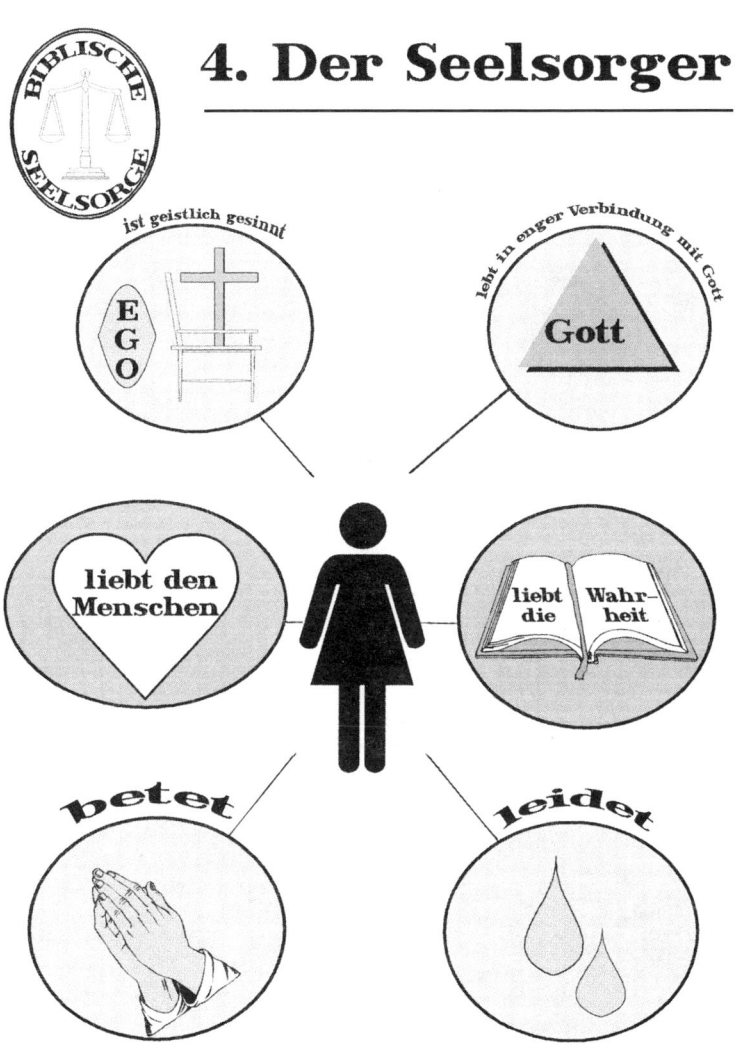

BIBLISCHE SEELSORGE

ist geistlich gesinnt

EGO

lebt in enger Verbindung mit Gott

Gott

liebt den Menschen

liebt die Wahrheit

betet

leidet

4. DER SEELSORGER

4.1 Die Befähigung zum Seelsorgedienst

Martin und Deidre Bobgan ermutigen in ihrem empfehlenswerten Buch „Psychotherapie oder biblische Seelsorge" zur Seelsorge in der Gemeinde:

„Gott hat die Christen vorbereitet und angewiesen, einander zu helfen und sich gegenseitig im Wachstum zu ermutigen. Aber die weltlichen Systeme haben den Seelsorgedienst so unterminiert, daß sich Christen heutzutage unfähig fühlen, zu helfen. Sogar begabte Christen, die Hirtendienst ausüben, haben das Gefühl, nicht qualifiziert genug für diesen Dienst zu sein, weil die Welt ein System von Anforderungen, Diplomen und Abschlüssen aufgestellt hat, um festzuhalten, wer die Fähigkeiten zur Lebensberatung hat.

Der Seelsorger erhält jedoch seine Ausrüstung zuerst vom Herrn selbst. Dann lernt er weiter, indem er die Schrift nach Gottes Wegen für den Menschen befragt. Auch aus den Erfahrungen anderer, die biblische Seelsorge betreiben, bekommt der Gläubige Hilfestellung. Zuletzt wird er aber im Tun selbst seine eigenen Erfahrungen sammeln."[14]

a) Biblische Seelsorge ist demnach Aufgabe der ganzen Gemeinde

1.Kor.12,26: „Wenn ein Glied leidet, so leiden alle Glieder mit; oder wenn ein Glied verherrlicht wird, so freuen sich alle Glieder mit."

b) Jeder Christ ist ein Priester Gottes und zum Seelsorgedienst berufen

1.Petr.2,9a: „Ihr aber seid ein auserwähltes Geschlecht, ein königliches Priestertum, ein heiliges Volk, ein Volk des Eigentums ..."

c) Gott beschenkt einzelne Gläubige mit einer besonderen Gnadengabe

Röm.12,6+8: „Da wir aber verschiedene Gnadengaben haben nach der uns verliehenen Gnade, so laßt sie uns gebrauchen: ... es sei, der ermahnt, in der Ermahnung."

4.2 Die Berufung zum Seelsorgedienst

„a) Ein Seelsorger soll eine Neigung zur Seelsorge haben

Das ist keineswegs selbstverständlich. Mancher spricht lieber zwanzig Stunden vor einer großen Zuhörerschaft als zwei Stunden im Kämmerlein mit einer verwundeten Seele.

b) Ein Seelsorger soll auch zur Seelsorge begabt sein

Es gibt zunächst eine natürliche Gabe für die Seelsorge. Es sind Menschen, die von Natur aus ein Interesse für den Mitmenschen haben. Diese können sich vor Zulauf manchmal nicht retten. Es gibt andere, die man sich nie als Seelsorger wählen würde, weil man ihnen nicht zutraut, daß sie einen verstehen.“[15]

Wichtiger als das „Tun" ist das „Sein" des Seelsorgers. Was der Seelsorger als Person darstellt, ist von großer Bedeutung für einen wirkungsvollen Beratungsdienst. Daran schließt sich die Frage:

4.3 Die Voraussetzungen zum Seelsorgedienst

a) Der Seelsorger soll in enger Verbindung mit seinem Herrn leben

Joh.15,5: „Wer in mir bleibt und ich in ihm, der bringt viel Frucht, denn getrennt von mir könnt ihr nichts tun."

Die persönliche Stellung des Seelsorgers zu Jesus Christus ist der primäre Ansatz für eine wirkungsvolle Seelsorge. Der Christ kann den Seelsorgedienst nicht aus eigener Kraft tun.
Der Seelsorger versteht sich als Werkzeug in Gottes Hand. Wenn er sich demütig von Gott gebrauchen läßt, wird er im Beratungsgespräch die nötige Weisheit bekommen, um Menschen zu dienen.

Oswald Chambers schreibt dazu in seinem Andachtsbuch „Mein Äußerstes für sein Höchstes":

„Wenn wir Arbeit für Gott tun und dabei nicht mit ihm verbunden sind, dann wird das Gefühl der Verantwortung erdrückend schwer auf uns lasten; doch wenn wir das, was Gott uns auferlegt hat (auch in der Seelsorge), auf ihn zurückwerfen, nimmt er das Gefühl der Verantwortung ab, indem er uns seine Kraft und Macht wahrnehmen läßt. Wirf deine Last auf den Herrn (Ps.55,23) heißt auch, alle Nöte der Menschen wieder zurück an Gott abgeben und sie nicht in der Seele festhalten. Gott trägt die Verantwortung für jeden Menschen. Wir wollen nur Werkzeug sein.“[16]

b) Der Seelsorger soll geistlich gesinnt sein

Gal.6,1: „Wenn ein Mensch von einem Fehl übereilt wird, so bringt ihr, die Geistlichen, einen solchen im Geist der Sanftmut wieder zurecht. Und dabei gib auf dich selbst acht, daß nicht auch du versucht wirst.“

Der Seelsorger achtet auch auf sein eigenes Leben. Er strebt nach Heiligung und bleibt selbst in der Seelsorge Jesu.

Der Seelsorger dient dem Ratsuchenden nicht mit Überheblichkeit und Stolz, sondern in Liebe und Demut. Nur ein geistlicher Christ (er lebt im Geist, ist aber nicht perfekt) hat die Vollmacht, Menschen vom falschen Weg zurückzuführen.

„Ein geistkontrollierter Wandel wird die Frucht des Geistes (Gal.5,22) hervorbringen. Hat sie einen gewissen Ausreifungsgrad erreicht, ist auch die Befähigung zu einem guten Seelsorgedienst vorhanden. Offenheit, Einfühlungsvermögen und Verständnis für die Nöte des anderen zeichnen dann den Ratgeber aus. Ein guter Seelsorger wird demnach barmherzig (Phil.2,1), geduldig (1.Thess.5,14; 2.Tim.4,2), sanftmütig (Gal.6,1), verschwiegen (Ps.39,2; Spr.11,13), vorurteilsfrei und unparteiisch (1.Tim.5,20-21) sein.“[17]

Die Liebe möchte ich dabei noch einmal besonders hervorheben.

c) Der Seelsorger soll den Ratsuchenden lieben

2.Kor.2,4: „Aus Herzensangst schrieb ich euch, nicht damit ihr traurig gemacht würdet, sondern damit ihr die Liebe erkennen möchtet, die ich besonders zu euch habe.“

Röm.15,7: „Nehmt einander an, wie auch der Christus euch angenommen hat."

Apg.20,31: „Ich habe drei Jahre lang Tag und Nacht nicht aufgehört, einen jeden unter Tränen zu ermahnen."

Bedingungslose Annahme ist die Basis für eine wirkungsvolle beratende Beziehung.

Der Seelsorger zeigt ein liebendes und echtes Interesse am Ergehen des Ratsuchenden (auch an dem, der nicht so liebenswürdig ist).

Er hat den innigen Wunsch, dem Menschen zu helfen, sein Leben nach dem Willen Gottes auszurichten. Er will trösten und ermutigen. In Nöten leidet er mit. Er weint auch einmal mit.

Diese Haltung schließt aber keineswegs die Zustimmung zu allen Tätigkeiten der Person ein. Christus hat uns als Sünder angenommen, die Sünde hat er jedoch nie gebilligt. Deswegen schmerzt es den Seelsorger, wenn der Bruder oder die Schwester einen falschen Weg geht. Und es tut ihm selbst weh, wenn er den anderen durch Ermahnung betrüben muß.

Die Liebe zum Menschen wird den Seelsorger ins Gebet treiben. Er wird „seine Schäflein" regelmäßig vor den Thron Gottes bringen.

d) Der Seelsorger soll ein Beter sein

2.Kor.10,4: „Denn die Waffen unseres Kampfes sind nicht fleischlich, sondern mächtig für Gott zur Zerstörung von Festungen."

Jak.5,16: „... viel vermag eines Gerechten Gebet in seiner Wirkung."

1.Joh.5,14+15: „Und dies ist die Zuversicht, die wir zu ihm haben, daß er uns hört, wenn wir nach seinem Willen bitten. Und wenn wir wissen, daß er uns hört, was wir auch bitten, so wissen wir, daß wir das Erbetene haben, das wir von ihm erbeten haben."

Der Seelsorger weiß, daß er in seinem Dienst geistliche Waffen gebrauchen muß, damit Veränderungen geschehen. Jeder christliche Ratgeber glaubt an die Macht ernsthafter Gebete. Er fleht inbrünstig zum Herrn und ist davon überzeugt, daß dadurch viel erreicht wird. Deswegen wird er das seelsorgerliche Gespräch im Gebet vorbereiten und auch während des gesamten Gesprächs mit dem Herrn in Verbindung bleiben, d.h. innerlich auf ihn ausgerichtet sein.

Neben der verborgenen Fürbitte ist es ein gutes Prinzip, seelsorgliche Treffen mit Gebet zu beginnen und zu beenden. Ein Gebet kann auch während des Gesprächs am Platz sein. Damit wissen beide, Seelsorger und Ratsuchender, daß sie ganz auf Gottes Hilfe angewiesen sind, um Antworten auf die Probleme zu finden.

e) Der Seelsorger soll die Wahrheit lieben

Ps.119,97+104a: „Wie liebe ich dein Gesetz. Es ist mein Nachdenken den ganzen Tag." „Aus deinen Vorschriften empfange ich Einsicht."

2.Tim.3,16: „Alle Schrift ist von Gott eingegeben und nützlich zur Lehre, zur Überführung, zur Zurechtweisung, zur Unterweisung in der Gerechtigkeit, damit der Mensch Gottes vollkommen sei, zu jedem guten Werk völlig zugerüstet."

Ein an der Bibel orientierter Seelsorger ist sowohl im Herzen mit den Worten der Bibel erfüllt. Er liebt die Bibel und gründet sein Leben selbst auf die Schrift. Er forscht eifrig im Wort Gottes, um dem Hilfesuchenden eine biblische Diagnose und eine geistliche Lösung des Problems anbieten zu können.

So wie seine Gesinnung von der Liebe zum Ratsuchenden erfüllt ist, so beruht seine ganze seelsorgerliche Tätigkeit auf nichts anderem als auf der Grundlage der Bibel. Sie ist sein Seelsorgebuch und verleiht ihm die Autorität für seinen Dienst. Deswegen wird ein biblischer Seelsorger nichts zulassen, was der Heiligen Schrift in irgendeiner Weise widerspricht oder sie abschwächt.

4.4 Das Leiden im Seelsorgedienst

Geistliches Leben, Reife und Hingabe an den Herrn Jesus Christus sind wichtige Voraussetzungen für einen vollmächtigen Seelsorgedienst.

Trotzdem wird der Seelsorger in der Beratung nicht automatisch Erfolg haben. Biblische Belehrung wird nicht immer angenommen werden. Der Seelsorger muß sich mit der Gesinnung Jesu wappnen, um fleischliche Reaktionen des Ratsuchenden ertragen zu können. Gerade hier wird besonders ersichtlich, warum ein Seelsorger geduldig und langmütig sein soll.

a) Der Seelsorger muß Trotz und tiefe Verzagtheit des Ratsuchenden ertragen

Jer. 17,9 + 10a: „Es ist das Herz ein trotzig und verzagtes Ding; wer kann es ergründen? Ich, der Herr, kann das Herz ergründen ...“

Oft hört man Sätze wie diesen: „Ich bin am Ende, ich kann nicht mehr.“ Der Betreffende will sein Joch abschütteln. Doch das Mitleiden mit der Depression des Hilfesuchenden darf das vom Wort geprägte Gewissen des Seelsorgers nicht aufweichen. „Tröstet die Kleinmütigen“ (1. Thess. 5,14) heißt nicht, ihnen die von Gott auferlegte Last abzunehmen.

b) Der Seelsorger muß es ertragen, wenn sich durch eine biblische Vorgehensweise die äußeren Umstände vorübergehend verschlechtern

2. Mo. 5,22b + 23: „ ... Herr, warum tust du so übel an diesem Volk? Denn seitdem ich hingegangen bin zum Pharao, um mit ihm zu reden in deinem Namen, hat er das Volk noch härter geplagt, und du hast dein Volk nicht errettet.“

c) Der Seelsorger muß eventuelle Rebellion des Ratsuchenden ertragen

Spr. 19,3: „Des Menschen Torheit führt ihn in die Irre, und doch tobt sein Herz wider den Herrn.“

Spr. 27,6a: „Treu gemeint sind die Schläge dessen, der liebt ...“

Der Ratsuchende wehrt sich hin und wieder gegen den biblischen Rat. Der Seelsorger darf in der Phase der Rebellion die biblische Weisung nicht abschwächen aus Angst, die Sympathie desjenigen zu verlieren. Der Seelsorger muß aus Liebe streng bleiben.

d) Der Seelsorger muß die schwere Phase der Traurigkeit bis zur Buße ertragen

2.Kor.7,8-10: „Denn wenn ich euch auch durch den Brief betrübt habe, so reut es mich nicht. Wenn es mich auch gereut hat, so sehe ich, daß jener Brief, wenn er euch auch kurze Zeit betrübt hat, doch Segen gewirkt hat. Jetzt freue ich mich, nicht daß ihr betrübt worden seid, sondern daß ihr zur Buße betrübt worden seid, denn ihr seid nach Gottes Sinn betrübt worden, damit ihr in keiner Weise von uns Schaden erlittet."

e) Der Seelsorger muß die Anklage ertragen, wenn der biblische Rat als extrem, fanatisch oder zerstörerisch beurteilt wird

2.Tim.2,24-26: „Ein Knecht des Herrn soll nicht streiten, sondern gegen alle milde sein, lehrfähig, duldsam (geduldig Böses ertragend), und die Widerspenstigen in Sanftmut zurechtweisen, ob ihnen Gott nicht etwa Buße gebe zur Erkenntnis der Wahrheit, und sie wieder aus dem Fallstrick des Teufels heraus nüchtern werden, da sie von ihm für seinen Willen gefangen worden sind."

f) Der Seelsorger muß auch Ablehnung ertragen, wenn sein seelsorgerliches Bemühen eine gewisse Zeit nicht erwünscht ist

1.Kor.4,13+14: „Geschmäht, segnen wir; verfolgt, dulden wir; gelästert, reden wir gut zu; wie Auskehricht der Welt sind wir geworden, ein Abschaum aller bis jetzt. Nicht um euch zu beschämen, schreibe ich dies, sondern ich ermahne euch als meine geliebten Kinder."

Manchmal kann es an der Stelle ratsam sein, den Seelsorgesuchenden an einen anderen Seelsorger zu verweisen.

5. Die Art der Seelsorge

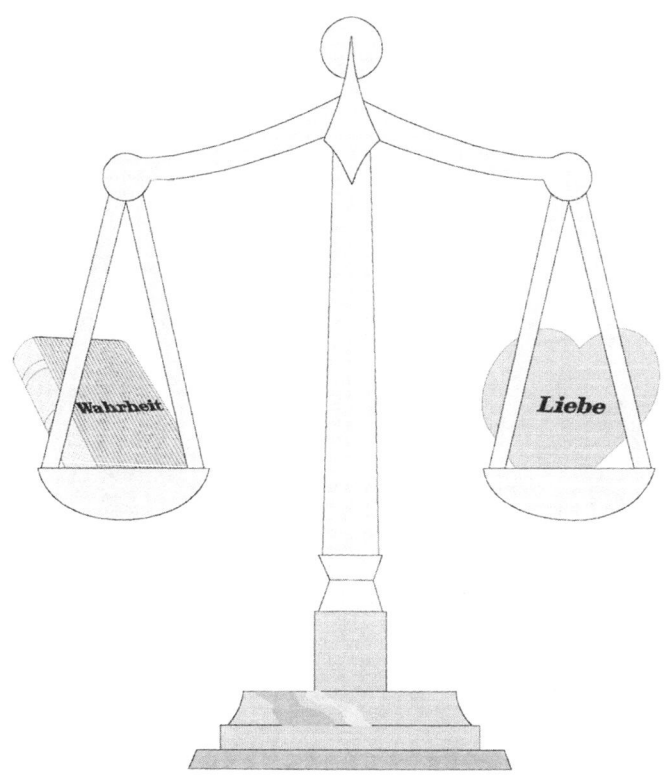

5. DIE ART DER SEELSORGE

5.1 Liebe und Wahrheit in der Seelsorge

3.Mo.19,17+18b: „Du sollst deinen Nächsten ernstlich zurechtweisen (Wahrheit), damit du nicht seinetwegen Schuld trägst." „... und du sollst deinen Nächsten lieben wie dich selbst (Liebe)."

Apg.20,31: „Wacht und denkt daran, daß ich drei Jahre lang Nacht und Tag nicht aufgehört habe, einen jeden unter Tränen (Liebe) zu ermahnen (Wahrheit)."

Röm.15,14: „Ich weiß aber selbst sehr wohl von euch, liebe Geschwister, daß auch ihr selber voll Güte (Liebe, Barmherzigkeit, Mitgefühl usw.) seid, erfüllt mit aller Erkenntnis (Wahrheit), so daß ihr einander ermahnen könnt."

1.Kor.13,6: „... die Liebe erfreut sich an der Wahrheit."

Eph.4,15: „Laßt uns aber die Wahrheit bekennen in Liebe und in allem hinwachsen zu ihm, der das Haupt ist, Christus."

2.Tim.4,2: „... überführe, strafe, ermahne mit aller Geduld (Eigenschaft der Liebe) und Lehre."

Martin und Deidre Bobgan schreiben: „Der Seelsorger fängt an, im Seelsorgegespräch eine Atmosphäre der Liebe durch Zuhören, Fürsorge und Gebet zu schaffen. Mit der Bitte um Weisheit wird sich die richtige Lehre anschließen. Die Abhängigkeit vom Heiligen Geist kann dabei nicht oft genug betont werden, weil die beste Atmosphäre für ein seelsorgerliches Gespräch durch die Gegenwart Gottes geschaffen wird, und die Richtungsweisung für die Veränderung durch die praktische Anwendung des Wortes Gottes nur durch den Heiligen Geist gegeben wird."[18]

Hudson Taylor definierte Seelsorge folgendermaßen: „Seelsorge geschieht, wenn du es verstehst, durch Gebet, durch Geistesmacht, mit

Takt, Liebe, Nachsicht und Geduld mein Gewissen zu wecken, und mich auf diese Weise dahin bringst, daß ich mich gern von meinem falschen Weg zum richtigen wende, wenn ich Unrecht getan habe."[19]

Liebe und Wahrheit müssen demnach in der biblischen Beratung unbedingt miteinander vereint werden.

5.2 Die Überbetonung der Wahrheit in der Seelsorge

Wahrheit ohne Liebe stellt buchstabengemäße Richtigkeit oder kalte Dogmatik dar. Sie ist wie eine Nadel ohne Zwirn. Die Wahrheit sticht, aber ohne Liebe näht sie nicht (tut weh, hilft aber nicht, bessert nicht). Gottes Wahrheiten müssen deswegen mit Takt und Feingefühl vermittelt werden, damit sie der Ratsuchende bereitwillig annehmen kann. Oft macht nicht so sehr das, <u>was</u> der Seelsorger sagt, die Wahrheit so schwer verdaulich, sondern <u>wie</u> er es sagt.

5.3 Die Überbetonung der Liebe in der Seelsorge

Liebe ohne Wahrheit, oder halbe Wahrheit oder abgeänderte Wahrheit, kann letzlich zur satanischen Verführung werden. Es ist dann die natürliche menschliche Liebe, wie sie auch Ungläubige besitzen. Sie will dem Nächsten jede Last abnehmen, jeden Schmerz ersparen, jedem Mangel abhelfen. Diese seelische Liebe kann aber am Willen Gottes vorbei raten.

a) Schon David mußte „menschliches Denken" (gut gemeinte Ratschläge) seiner Begleiter durchschauen, um Gottes Plänen nicht vorzugreifen.

1.Sam.24,5-7: „Da sagten die Männer Davids zu ihm: Siehe, das ist der Tag, von dem der Herr zu dir gesagt hat: Siehe, ich werde deinen Feind in deine Hand geben, damit du mit ihm tun kannst, wie es gut ist in deinen Augen. Und David stand auf und schnitt heimlich einen Zipfel von dem Oberkleid Sauls ab. Aber danach geschah es, da schlug dem David das Herz, weil er den Zipfel vom Oberkleid Sauls abgeschnitten hatte. Und er sagte zu seinen Männern: Das sei vor dem Herrn fern von mir, daß ich so etwas an meinem Herrn, dem Gesalbten des Herrn, tun sollte, meine Hand an ihn zu legen, denn er ist der Gesalbte des Herrn!" (Siehe auch 1. Sam.26,8-11).

b) Jesus Christus entlarvte „menschliche Gefühle" seines Jüngers, als Petrus ihn aus Mitleid und Barmherzigkeit vom Gehorsamsweg abhalten wollte.

Mt.16,22b+23: „Gott behüte dich, Herr! Das widerfahre dir nur nicht. Jesus aber wandte sich um und sprach: Geh hinter mich, Satan! Du bist mir ein Ärgernis, denn du sinnst nicht auf das, was Gottes, sondern auf das, was der Menschen ist."

c) Auch Paulus erlebte einmal schmerzlich das menschliche Mitgefühl der Gläubigen, die ihn letztlich von Gottes Plan, Zeuge Jesu in Jerusalem zu sein (Apg.23,11), abbringen wollten.

Apg.21,11-14: „Dies sagt der Heilige Geist: Den Mann, dem dieser Gürtel gehört, werden die Juden in Jerusalem so binden und in die Hände der Nationen überliefern. Als wir aber das hörten, baten sowohl wir als auch die Einheimischen, daß er nicht nach Jerusalem hinaufgehen möchte. Paulus aber antwortete: Was macht ihr, daß ihr weint und mir das Herz brecht? Denn ich bin bereit, nicht allein gebunden zu werden, sondern auch in Jerusalem für den Namen des Herrn zu sterben. Als er sich aber nicht überreden ließ, schwiegen wir und sprachen: Der Wille des Herrn geschehe."

5.4 Der Prüfstein für die Art der Liebe

Hebr.4,12: „Das Wort Gottes ist lebendig und wirksam und schärfer als jedes zweischneidige Schwert und durchdringend bis zur Scheidung von Seele und Geist, sowohl der Gelenke als auch des Markes, und ein Richter der Gedanken und Gesinnungen des Herzens."

Das Wort Gottes selbst ermöglicht das Unterscheidungsvermögen. Es deckt die verborgensten Schichten unserer Persönlichkeit auf und scheidet Echtes vom Falschen, Gutes vom Bösen. Sogar die Gedanken und Motive des Herzens werden durch das Wort gerichtet.

Geistgewirkt ist demnach nur die Liebe, die das Wort Gottes hinter sich hat.

„Menschliches Denken, das sich vom Gehorsam gegenüber Gott löst, kann deswegen unbewußt in den Dienst des Versuchers treten und so zu teuflischem Denken werden.

Jesus nennt seinen Jünger Satan. Wenn er auf Petrus gehört hätte (,Gott behüte dich, Herr...'), hätte Satan das Ziel erreicht, und es gäbe keine Erlösung. Jesus sagt nein zum Mitleid seines Jüngers.

Auch Christen können einander zum Fallstrick werden. Eine Äußerung (,Sei vernünftig!' ,Schone dich!' ,Laß dir das nicht gefallen!' ,Gönne dir mehr Freiheit!' ,Mach es dir leichter!') - und schon wird der andere auf einen menschlichen, vielleicht ungöttlichen Weg gelenkt.

Mitleiden im Sinne von Mitfühlen und Mittragen kann eine wunderbare Stärkung sein. Aber es braucht Vorsicht und Leitung durch Gottes Geist, daß ein Gläubiger sich nicht in falscher Weise einschaltet und etwas aufhält, was Gott dem anderen zugedacht hat, um sein Leben fruchtbar zu machen.

Niemand darf aus menschlicher Barmherzigkeit in die Lebens- und manchmal auch Leidensschule eines anderen Heiligen eingreifen.

Jeder Seelsorger muß also daran festhalten, daß Gottes Anordnungen niemals Leben zerstören, sondern Leben erhalten, stärken und heilen wollen! Die Gebote Gottes sind nur für denjenigen unmenschlich hart, der sich dagegen wehrt. Wer jedoch ungeteilt dem Gebot Jesu folgt, wer das Joch der Nachfolge ohne Widerstreben auf sich ruhen läßt, dem wird die Last leicht, die er zu tragen hat, der empfängt in dem sanften Druck dieses Joches die Kraft, den rechten Weg ohne Ermatten zu gehen.“[20]

Matth.11,29: „Nehmt auf euch mein Joch, und lernt von mir, denn ich bin sanftmütig und von Herzen demütig, und ihr werdet Ruhe finden für eure Seelen; denn mein Joch ist sanft und meine Last ist leicht.“

1.Joh.5,3: „Seine Gebote sind nicht schwer.“

In diesem Bereich sehe ich persönlich die Gefahren für die biblische Beratung. Mancher Seelsorger ist geneigt, die menschliche Barmherzigkeit über die Wahrheit zu stellen. Ich werde im dritten Teil ausführlich darauf eingehen.

Um diesen Trend zu durchschauen, ist es eine große Hilfe, Jesus Christus als Seelsorger zu beobachten. Er vereinigt Liebe und Wahrheit in vollkommener Weise in seiner Person.

II. In der Seelsorge des Herrn Jesus

II. LIEBE UND WAHRHEIT IN DER SEELSORGE DES HERRN JESUS

Ein christlicher Seelsorger sollte das Leben Jesu und seine Beziehung zu Menschen studieren. Die Art und Weise, wie Christus sich um andere kümmerte, ist Vorbild für alle, die Menschen helfen wollen. Aus einer persönlichen Studie über „Jesu Seelsorge im Johannesevangelium" entnehme ich ausgewählte Texte für diese Thematik und leite vom Verhalten Jesu Denkanstöße für die seelsorgerliche Beratung ab. Ich empfehle, die angegebenen Bibelabschnitte jeweils vorher zu lesen.

Der Schlüsselvers für unsere Thematik steht in

Joh.1,14: „Und das Wort wurde Fleisch und wohnte unter uns, und wir haben seine Herrlichkeit angeschaut, eine Herrlichkeit als eines Eingeborenen vom Vater, voller <u>Gnade</u> und <u>Wahrheit</u>."

In seiner <u>Liebe</u>, Gnade und Barmherzigkeit will Jesus Christus den Menschen beschenken. Er will ihn retten, heilen und volles Genüge geben. In seiner <u>Wahrheit</u> konfrontiert er den Menschen mit der Heiligkeit, Gerechtigkeit und Reinheit Gottes. Auf diesem Hintergrund wird die Sünde des Menschen, seine Zielverfehlung, seine Rebellion gegen Gott und die Übertretung der Gebote sichtbar. Die Schuld des Menschen verdient Gericht, Verurteilung und Bestrafung. Doch der Sohn Gottes nimmt die Strafe stellvertretend auf sich. So vereinigt er als Sünderheiland Liebe und Wahrheit in seiner Person.

Jes.53,5+6: „Doch er war durchbohrt um unserer Vergehen willen. Die Strafe liegt auf ihm zu unserem Frieden und durch seine Striemen ist uns Heilung geworden. Wir alle irrten umher wie Schafe, wir wandten uns jeder auf seinen eigenen Weg; aber der Herr ließ ihn treffen unser aller Schuld."

Die gesamte Wirksamkeit Jesu auf Erden, sein Umgang mit den Menschen, wird von diesem Spannungsverhältnis - Liebe (er liebt den Sünder) und Wahrheit (er verurteilt die Sünde) - geprägt.

1. DIE LIEBE JESU ZUM MENSCHEN
HOCHZEIT ZU KANA (JOH.2,1-12)

In diesem Abschnitt setzt sich der Herr Jesus wohlwollend für eine Hochzeitsversammlung ein. Es ist das erste Wunder, das er aus <u>Liebe</u> zum Menschen vollbringt. Er verwandelt Wasser in Wein. Wein steht in der Schrift oft als Symbol für Freude. In seiner Gnade will er den Menschen zur echten Lebensfreude führen. Er möchte leere Lebenskrüge füllen.

Joh.10,10b: „Ich bin gekommen, daß sie Leben haben und es in Überfluß haben."

Denkanstöße für die Seelsorge

Auch für den Seelsorger ist die Liebe Jesu zu jedem Menschen die eigentliche Triebfeder für alles seelsorgerliche Bemühen. Der Berater wird diese Liebe weitergeben, indem er tröstet, ermutigt und das Vertrauen auf Gott stärkt (helfende Seelsorge).

2. DIE LIEBE JESU ZUR WAHRHEIT
TEMPELREINIGUNG (JOH.2,13-22)

Im selben Kapitel begegnet uns die <u>Wahrheitsliebe</u> Jesu. In göttlicher Autorität treibt er Verkäufer und Wechsler aus dem Tempel. Mit seiner Aufforderung - „Macht nicht das Haus meines Vaters zu einem Kaufhaus!" - setzt er sich radikal für die Reinhaltung des Hauses Gottes ein.

Der Tempel ist im übertragenen Sinn der Leib eines jeden Christen, in dem der lebendige Gott Wohnung genommen hat.

1.Kor.6,19+20: „Wißt ihr nicht, daß euer Leib ein Tempel des Heiligen Geistes in euch ist, den ihr von Gott habt, und daß ihr nicht euch selbst gehört? Denn ihr seid um einen Preis erkauft worden; verherrlicht nun Gott mit eurem Leib."

Es liegt Jesus Christus auch an der Reinhaltung des Christenlebens. Er konfrontiert seine Nachfolger mit göttlichen Wahrheiten und deckt in ihrem Leben Sünde in jeglicher Form auf. Durch Buße, Bekenntnis und Abkehr von der Sünde erfährt der Gläubige die reinigende Kraft des Blutes Jesu.

1.Joh.1,7: „Das Blut Jesu reinigt uns von jeder Sünde."

Denkanstöße für die Seelsorge

Die sündenaufdeckende Rede ist im Bereich der Seelsorge ein schwerer Dienst. Es ist nicht einfach, jemanden dazuzubringen, seine Sünde zu erkennen und etwas dagegen zu unternehmen (konfrontierende Seelsorge). Doch auch bei dieser Tätigkeit kann sich der Seelsorger immer wieder am Vorbild Jesu orientieren.

* *Würde menschliche Liebe nicht oft geneigt sein, sündigen Lebensstil als Privatsache anzusehen?*

3. DIE BELEHRENDE SEELSORGE JESU
GESPRÄCH MIT NIKODEMUS (JOH.3,3-21)

Sünde ist auch Zielverfehlung (griech.: harmatia). Jesus verschweigt dem frommen Juden deshalb nicht die <u>Wahrheit</u> über den Weg ins Reich Gottes, obwohl Nikodemus zu diesem Zeitpunkt die Notwendigkeit der Wiedergeburt noch nicht fassen kann. Da die Initiative für das seelsorgerliche Gespräch von Nikodemus ausgeht, mutet Jesus ihm diese Informationen zu. Er manipuliert ihn jedoch nicht durch Überredungskünste in seiner Entscheidung. Aus dem biblischen Befund geht nicht eindeutig hervor, welche Konsequenzen der suchende Pharisäer nach dem Beratungsgespräch bei Jesus getroffen hat.

Denkanstöße für die Seelsorge

a) Der Seelsorger darf den Ratsuchenden mit biblischen Wahrheiten konfrontieren, auch wenn dieser noch nicht alles versteht. Er soll jedoch seine Autorität nicht dazu mißbrauchen, „moralischen Zwang" auszuüben, wenn der Ratsuchende noch nicht zur gleichen Überzeugung gekommen ist.

b) Der Seelsorger darf nicht jene Verantwortung übernehmen, die der Ratsuchende selbst tragen muß. Er darf auch keine Entscheidungen fällen, die der Ratsuchende treffen soll. Jeder einzelne muß die persönliche Verantwortung für seine Taten, Einstellungen und Entscheidungen selbst übernehmen. Gott läßt nicht zu, daß ein Christ die Verantwortung für sein Leben abwälzt (Röm.14,2; 2.Kor.5,10; Offb.20,12).

c) Hilfe und Veränderung wird nur der erfahren, der Gott wirklich gehorchen will und auf biblischen Rat hin handelt.

* *Würde menschliche Liebe einerseits nicht mit Bitten und Drängen agieren, um den Betroffenen von seiner Verlorenheit zu überzeugen?*
* *Oder würde menschliche Liebe andererseits nicht sogar den Absolutheitsanspruch Jesu bezüglich der Rettung verschweigen, um die zwischenmenschliche Beziehung nicht zu trüben?*

4. DIE SÜNDENAUFDECKENDE SEELSORGE JESU
GESPRÄCH MIT EINER SAMARITERIN (JOH.4,1-42)

Jesus überwindet schon im Vorfeld der Begegnung mehrere Barrieren.

a) Als Jude ist er bereit, mit einer Samariterin zu reden (nationale Barriere).

b) Als Mann ist er bereit, ein Gespräch mit einer Frau zu führen (kulturelle Barriere).

c) Als Sündloser ist er bereit, mit einer Sünderin zu sprechen (geistliche Barriere).

Der Herr Jesus kennt die Not dieser Frau, ihren Durst nach Lebensglück, den sie bei Männern zu stillen suchte. Er versucht taktvoll, das geistliche Interesse zu wecken. Im Laufe der Unterredung will er sie dahin bringen, ein Gespür für die Notwendigkeit eines Heilands zu entwickeln. Christus bietet ihr in seiner Liebe das lebendige Wasser an.

Joh.4,14: „Wer von dem Wasser trinken wird, das ich ihm geben werde, den wird nicht dürsten in Ewigkeit; sondern das Wasser, das ich ihm geben werde, wird in ihm eine Quelle Wassers werden, das ins ewige Leben quillt."

Als die Frau an dieser neuen Lebensqualität interessiert ist, nimmt die Unterhaltung eine Wende. Ehe diese Frau gerettet werden kann, muß der Herr Jesus sie mit der <u>Wahrheit</u> über die Sünde in ihrem Leben konfrontieren. Er weiß um die gescheiterten Beziehungen. Er weiß, daß sie jetzt außerhalb ehelicher Legitimation mit einem Mann zusammenlebt. Aber er diskutiert nicht mit ihr über die Eheaffären.

Joh.4,18: „Fünf Männer hast du gehabt, und der, den du jetzt hast, ist nicht dein Mann."

Nach einigen Ablenkungsmanövern, die er sachlich mit ihr durchspricht, erklärt Jesus ihr den wahren Weg der Rettung (Joh.4,22-24). Die Samariterin erkennt sich als Sünderin und ihren Gesprächspartner als den verheißenen Messias. Sie kommt offensichtlich zum lebendigen Glauben an Christus.

Denkanstöße für die Seelsorge

a) Ein christlicher Seelsorger überwindet Barrieren verschiedenster Art, um Menschen zu helfen (z.B. im Umgang mit Homosexuellen, Prostituierten, Junkies etc.)
b) In Gesprächen bemüht er sich im liebevollen Vorgehen, die Bedürfnisse und Sehnsüchte des Ratsuchenden herauszufinden (Liebe).
c) Im Versuch, Menschen für Christus zu gewinnen, wird er die Frage der Sünde und des einzigen Rettungsweges nicht ausklammern (Wahrheit).
d) Die geistliche Befindlichkeit eines Menschen hat Vorrang vor allen anderen Problemen. Ein christlicher Ratgeber führt den Menschen zuerst zu Christus, wodurch die eigentliche Quelle aller Schwierigkeiten beseitigt wird und wendet sich erst in zweiter Linie der Symptombehandlung zu (problemorientierte Seelsorge).

* *Würde menschliche Liebe Sünde beim Namen nennen oder die Situation lieber negativen Umständen oder schlechten familiären Voraussetzungen zuschreiben?*

5. DIE KONFRONTIERENDE SEELSORGE JESU
SPEISUNG DER FÜNFTAUSEND (JOH.6,1-71)

Jesus Christus verknüpft sehr oft eine Liebestat mit darauffolgender Lehre. In diesem Bericht sättigt der Sohn Gottes durch ein Wunder mehrere tausend Menschen. Als die Volksmenge ihn deswegen zum König machen will, zieht er sich zum Gebet zurück. Das Versorgen steht nicht im Zentrum seiner irdischen Wirksamkeit. Die Mission des Messias bei seinem ersten Kommen ist das Erlösungswerk. Zuerst kommt das Kreuz und dann der Thron. Am nächsten Tag versucht der Herr Jesus, den Menschen ihr geistliches Verhungern bewußt zu machen. Er weist darauf hin, daß er gekommen ist, um auch diesen Hunger zu stillen.

Joh.6,35: „Ich bin das Brot des Lebens. Wer zu mir kommt, wird nicht hungern, und wer an mich glaubt, wird nimmermehr dürsten."

Das Angebot Jesu wird aber zugleich auch zum Anspruch. Nur „wer von diesem Brot ißt, wird leben in Ewigkeit" (Vers 51+58). Diese Wahrheit löst keine erfreulichen Reaktionen aus. Sowohl die Juden als auch die Jünger murren über diese Lehre (Vers 41+61). „Diese Rede ist hart. Wer kann sie hören?"(Vers 60), und „... von da an gingen viele Jünger nicht mehr mit ihm" (Vers 66). Sie wollen die Gabe, aber nicht den Geber. Doch Jesus Christus hat keine Angst, abgelehnt zu werden. Aus Liebe zum Menschen verschweigt er die Wahrheit nicht.

Denkanstöße für die Seelsorge

a) Die Aufgabe des Seelsorgers ist es, Menschen mit dem Wort Gottes zu konfrontieren und sie zur Veränderung aufzurufen. Ob sie sich dann ändern oder nicht, hängt nicht von seiner Aufforderung ab, sondern von der Kraft des Wortes in einem Herzen, das vom Geist angerührt ist. Da beginnt das Loslassen in der Seelsorge.

b) Gott liegt mehr an der Veränderung des Menschen als an der Veränderung der Umstände. Die Herstellung oder Verbesserung der persönlichen Beziehung und Gemeinschaft zum Herrn hat demnach Vorrang vor der Veränderung bzw. Erleichterung der Lebensbedingungen. Das steht mit großer Wahrscheinlichkeit sowieso selten in der Macht des Seelsorgers. Aber das Prinzip bleibt auch wahr, daß sich einem hungrigen Magen schlecht predigen läßt.

c) Der Seelsorger braucht Mut, aus Liebe zur Wahrheit Ablehnung zu ertragen; und eine Gemeinde braucht Mut, zu biblischen Wahrheiten zu stehen, auch wenn sie dadurch Menschen verliert.

* *Würde menschliche Liebe sich in der Begegnung mit Ungläubigen eventuell mit diakonischer Hilfe begnügen?*

6. DIE DURCHBLICKENDE SEELSORGE JESU
JESUS UND DIE EHEBRECHERIN (JOH.8,1-11)

Eine im Ehebruch ertappte Frau wird von den Schriftgelehrten und Pharisäern zum Herrn gebracht. Sie wollen seine Ansicht über die notwendige Bestrafung dieser Frau erfahren. In der Begegnung Jesu mit der Ehebrecherin finden wir eine wunderschöne Illustration seiner Gnade, seines Mitleids und der Bereitschaft zu vergeben.

Joh.8,10b+11b: „... Hat dich niemand verurteilt? ... So verurteile auch ich dich nicht (Gnade). Geh hin und sündige nicht mehr (Wahrheit)!"

In der Auseinandersetzung mit den Pharisäern sehen wir Jesu scharfsinnigen Durchblick. Er läßt sich von ihrer vordergründigen Gesetzestreue nicht blenden. Der Sohn Gottes dreht den Stab um und zeigt den Anklägern, daß auch sie in gleicher Weise schuldig sind.

Joh.8,7: „Wer von euch ohne Sünde ist, der werfe den ersten Stein auf sie."

Denkanstöße für die Seelsorge

a) Jesu Handeln mit der Ehebrecherin illustriert das Prinzip, daß Gott bußfertigen Sündern vergibt. Während der Seelsorger nach dem Vorbild Jesu Sünde als Sünde bezeichnet (Wahrheit), betont er auf der anderen

Seite, daß Christus für jede Sünde am Kreuz gestorben ist (Liebe). Reinigung und Wiederherstellung der Gemeinschaft mit Gott ist jederzeit auf der Basis von 1.Joh.1,9 möglich: „Wenn wir unsere Sünden bekennen, ist er treu und gerecht, daß er uns die Sünden vergibt und uns reinigt von aller Untugend". Der Seelsorger ist in dieser Funktion wirklich Hoffnungsträger.

b) Eine wichtige Voraussetzung für wirksame Seelsorge ist geistliches Unterscheidungsvermögen. Es ist die besondere Fähigkeit von Gott, mehr als das Offensichtliche und Oberflächliche zu sehen. Der normale Beobachter nimmt bereitwillig an, was der Ratsuchende über sein Problem und seine Ursachen sagt. Er akzeptiert die Dinge so, wie sie präsentiert werden. Ein Seelsorger mit Urteilsvermögen kann auch verborgene Dinge erkennen. Er dringt zum Kern der Sache vor. Das trifft zum Beispiel auf das Entdecken von Lügen und Vorwänden oder auf Selbsttäuschung des Ratsuchenden zu. Dieses Wahrnehmungsvermögen kann in besonderer Weise beim Nachdenken über das Verhalten, die Worte und die Fragen des Herrn Jesus erlernt werden. Er ist der weiseste Seelsorger, der je gelebt hat.

* *Würde menschliche Liebe nicht zuerst über die Gründe für den Ehebruch sprechen, um dann vielleicht „mildernde Umstände" walten zu lassen?*

7. DIE GEDULDIGE SEELSORGE JESU
SALBUNG JESU IN BETHANIEN (JOH.12,1-8)

Marias Liebe zu Jesus drückt sich durch die Salbung seiner Füße mit echter, sehr kostbarer Narde aus. Diese Liebesgabe offenbart das Herz des Apostels Judas. An ihm wird besonders das Ausmaß der Gefallenheit des Menschen sichtbar. Obwohl dieser Jünger drei Jahre lang Jesus nachfolgt, seine Predigten hört (Wahrheit), wiederholt Wohltaten aus Jesu Hand nimmt (Liebe), bleibt sein Herz davon unberührt. Seine Geldliebe macht ihn zum Dieb. Warum vertraut Jesus ihm die Kasse an, wo er doch genau weiß, daß Judas für sich beiseite schafft, was eingelegt wird (Vers 6)? Hier beobachten wir die Geduld Jesu im Umgang mit Sündern. Er gibt seinem Jünger einen Vertrauensvorschuß. Durch die Verwaltung der Kasse erhält

Judas viele Gelegenheiten, mit der Sünde zu brechen. Leider ohne Erfolg. Judas nützt diese Chance zur Umkehr nicht, sondern schreitet zu schlimmeren Taten fort. Er wird zum Verräter.

Denkanstöße für die Seelsorge

a) Der Seelsorger hat es in der Beratung immer wieder mit einer Kette von Ungehorsamsschritten zu tun. Wer den Anfängen nicht wehrt, stumpft sein Gewissen ab. Sünde beginnt im Herzen, in den Gedanken. Diese Gedanken müssen in der Seelsorge durch Bekenntnis entlarvt werden. Von diesen Ursprüngen aus kann der Seelsorger dem Menschen zu einer tiefgreifenden Buße verhelfen. Falsche Denkmuster werden dann in der Beratung schrittweise durch biblisch geprägtes Denken ersetzt (Röm.12,2).

b) Die Veränderung des Wesens (Zorn, Rechthaberei, Empfindlichkeit, Geiz etc.) gelingt nicht von heute auf morgen. Da ist Geduld nötig.

c) „... die Liebe bedeckt eine Menge von Sünden"(1.Petr.4,8). Der Herr Jesus scheint bei Judas dieses Prinzip angewandt zu haben. Da aber auf Diebstahl Gemeindezucht steht (1.Kor.5,11), kann dieser Fall nicht verallgemeinert werden. Gott möge Weisheit geben, wann ein Vertrauensvorschuß einem Betroffenen die Möglichkeit zur Sündenerkenntnis und zum Zerbruch bietet.

* *Würde menschliche Liebe bei solcher offenkundigen Sünde wie Diebstahl nicht auch ihre Grenzen haben?*

8. DIE WARNENDE SEELSORGE JESU
VERRAT UND VERLEUGNUNG (JOH.13,18-38)

a) Jesus Christus kündigt den Verrat seines Jüngers an.

Joh.13,18: „Der mit mir das Brot ißt, hat seine Ferse gegen mich aufgehoben."

Da der Herr Jesus Judas nicht direkt bloßstellt, scheint es so, als will er seinem Jünger eine letzte Gelegenheit geben, seinen bösen Plan fallen zu lassen. Indem er Judas beim Mahl das Brot reicht (orientalische Sitte für den Ehrengast), will er ihn durch seine Gnade und Liebe zur Buße führen. Doch Judas gibt Satan Raum (Vers 27). Er verläßt den Saal. Die „vorsorgende Seelsorge" erreicht nicht ihr Ziel.

b) Der Herr Jesus sagt dem vorlauten Petrus die Verleugnung voraus.

Joh. 13,38: „Wahrlich, wahrlich, ich sage dir, der Hahn wird nicht krähen, bis du mich dreimal verleugnet hast."

Auch dieses vorsorgliche Bemühen, Petrus vor der Sünde zu bewahren, schlägt fehl.

c) In den Kapiteln 14-16 folgen Lehrunterweisungen und Zukunftsvorhersagen an die Jünger. Jesus Christus verschweigt ihnen nicht den Haß der Welt und die Verfolgung durch die religiösen Führer. Er sagt ihnen auch voraus, daß sie sich voll Trauer zerstreuen und ihn in der Todesstunde allein lassen werden.

Denkanstöße für die Seelsorge

a) Das Prinzip der „vorsorgenden Seelsorge" besteht darin, Probleme vorherzusehen, bevor sie entstehen, oder die Verschlimmerung vorhandener Probleme zu verhindern. Die Aufgabe des Seelsorgers liegt darin, den Betreffenden vor solchen Gefahren zu warnen (Beispiele: enge freundschaftliche Beziehungen, die zur Sünde oder unüberlegter Heirat führen können; Gefahr von Spaltungen oder Neigung zur Verbitterung wegen eines Streites; etc.).

b) Der Seelsorger kann jedoch nur warnen, wenn er von der Problematik des Betreffenden weiß. Jesus allein kannte den wahren Herzenszustand des Judas (Mt. 9,4). Die elf Jünger wußten scheinbar nichts von seinen Diebstählen (Joh. 12,6). Sie erlebten erst den Verrat mit, das Endglied einer langen Kette von Habgier und Unaufrichtigkeit. Dieses Beispiel führt uns somit auch die Begrenzung des Seelsorgers in der Beratung vor Augen.

* *Würde menschliche Liebe vor der Einmischung ins Privatleben nicht zurückschrecken?*
* *Würde menschliche Liebe den Preis der Nachfolge nicht lieber verschweigen (2.Tim.3,12: „Alle aber auch, die gottesfürchtig leben wollen in Christus Jesus, werden verfolgt werden"; Matth.10,35-39)?*

9. DIE UNERMÜDLICHE SEELSORGE JESU
LEIDEN UND STERBEN DES SOHNES GOTTES (JOH.18+19)

Die letzte Phase des irdischen Lebens unseres Herrn beginnt. Es sind Stunden besonderen seelischen, körperlichen und geistlichen Leidens. Er wird von Judas verraten, von sündigen Menschen gefangengenommen, von Petrus verleugnet, von religiösen und politischen Führern verhört, von Soldaten gegeißelt und verhöhnt, von Pilatus zum Tode verurteilt und zwischen Verbrechern gekreuzigt. „Seine Liebe läßt sich nicht erbittern und rechnet das Böse nicht zu" (1.Kor.13,5). Bis zum Schluß dient der Messias Menschen in <u>Liebe</u> und <u>Wahrheit</u>. Mit dem Hohepriester redet er streng und verweist auf eine gerechte Behandlung. Pilatus konfrontiert er mit der Wahrheitsfrage.

Joh.18,37: „Ich bin dazu geboren und dazu in die Welt gekommen, daß ich für die Wahrheit Zeugnis gebe. Jeder der aus der Wahrheit ist, hört meine Stimme."

Aus den anderen Evangelien wissen wir, daß er noch in der Todesstunde einem Menschen den Weg der Rettung zeigt. Seine letzte Liebestat gilt seiner Mutter. Vom Kreuz herab regelt er unter furchtbaren Qualen ihre Versorgung.

Denkanstöße für die Seelsorger

a) Kein Mensch muß ertragen, was der Sohn Gottes erduldet hat. Aber die Hilfsbereitschaft Jesu auch im Leiden soll jene Seelsorger ermutigen, denen Gott im Dienst gewisse Einschränkungen auferlegt. In allen Lebenslagen kann Gott seelsorgerliche Menschen als seine Werkzeuge gebrauchen.

b) Auf der ersten Seite meiner Bibel steht der Satz: „Wen Gott zum Trösteramt erkor auf dieser trostesarmen Erde, was wunder, wenn er ihn zuvor im Buch des Leides lesen lehrte." Das biblische Prinzip zu dieser Aussage steht in

2.Kor.1,3+4: „Gepriesen sei der Gott und Vater unseres Herrn Jesus Christus, der Vater der Erbarmungen und Gott allen Trostes, der uns tröstet in all unserer Drangsal, damit wir die trösten können, die in allerlei Drangsal sind, durch den Trost mit dem wir selbst von Gott getröstet werden."

Gott kann Nöte und Leiden in das Leben des Seelsorgers verordnen, um ihn gerade dadurch für den Dienst am Nächsten in ähnlichen Situationen zu bevollmächtigen. Die Belehrung, Ermahnung und Ermunterung kommt dann nicht vom „grünen Tisch", sondern ist selbst durchlebt. Das vermittelt dem seelsorgerlichen Bemühen besondere Glaubwürdigkeit.

* *Würde menschliche Liebe angesichts solcher Anfechtungen nicht resignieren und den Dienst am Menschen aufgeben?*

10. DIE WEITERFÜHRENDE SEELSORGE JESU
GESPRÄCH MIT MARIA, THOMAS U. PETRUS (JOH.20+21)

Nach der Auferstehung bemüht sich der Herr Jesus im besonderen um drei Menschen. Er will ihnen seelsorglich dienen und sie geistlich weiterbringen.

a) **Joh.20,1-18:** Maria hält außerhalb des Grabes einsame Totenwache. Es ist ein Ausdruck ihrer Liebe und Hingabe an ihren Meister. Ihr ist viel vergeben worden, deshalb liebt sie viel. Nun weint sie um ihren Herrn. Weil er nicht mehr sichtbar auf Erden ist, verliert sie die Hoffnung. Jesus Christus begegnet ihr und erweitert durch seine Belehrung über die Himmelfahrt ihren geistlichen Horizont. Dann belohnt er ihre Hingabe mit dem Vorrecht, diese Botschaft den Jüngern zu überbringen. Sie wird zum „Apostel der Apostel" (W. MacDonald).

b) **Joh.20,19-29**: Thomas zweifelt. Er will ein sichtbares, anfaßbares Zeichen der Auferstehung des Herrn haben. Am ersten Tag der Woche befindet er sich nicht im Jüngerkreis. Der Sohn Gottes geht sehr zartfühlend und geduldig mit seinem Jünger um. Er lädt ihn ein, die Echtheit seiner Auferstehung zu prüfen und seine Hand in die Speerwunde seiner Seite zu legen (Joh.20,27). Die Zweifel des Thomas sind überwunden, aber er muß sich den Tadel Jesu gefallen lassen: „Weil du mich gesehen hast, hast du geglaubt. Glückselig, die nicht gesehen und doch geglaubt haben" (Vers 29).

c) **Joh.21,15-23**: Der letzte Seelsorgedienst Jesu geht bei seiner dritten Erscheinung an die Adresse des Petrus. Mit der dreimaligen Frage „Liebst du mich?" arbeitet er mit seinem Jünger die dreimalige Verleugnung auf. Die Antworten des Petrus zeigen, daß er sich wohl nie mehr brüsten würde, den Herrn nicht zu verlassen, selbst wenn alle anderen es täten. Er hat seine Lektion gelernt. Nach der Vergangenheitsbewältigung erhält Petrus einen neuen Dienstauftrag: „Weide meine Schafe!" (Vers 16 + 17). Der Herr Jesus mutet ihm in diesem seelsorgerlichen Gespräch auch die Information zu, daß er Gott später durch den Märtyrertod verherrlichen werde. Der letzte Befehl, der im Johannesevangelium an einen Menschen gerichtet ist, lautet: „Folge du mir nach!" (Vers 22).

Denkanstöße für die Seelsorge

a) In der Seelsorge geht es immer wieder um die Bewältigung geistlicher Probleme, die nicht unbedingt in die Kategorie „Sünde" einzureihen sind. Der Seelsorger hat es z.B. mit Zweifeln, Unklarheiten über geistliches Wachstum, falschem Verständnis von biblischer Lehre oder richtigem Umgang mit Problemen des Lebens zu tun. Der Seelsorger muß sich in diesem Bereich vor Oberflächlichkeit und Verallgemeinerungen durch Klischees wie „Lerne einfach, dem Herrn zu vertrauen" hüten. Aufgabe des Seelsorgers ist es, zur offenen Darlegung der Probleme und Zweifel zu ermutigen und geistliche Not deutlich zu machen. Er wird Hilfestellung geben, wie man durch den Wandel mit Christus geistlich wächst, und wie man Lösungen zu den Problemen des Lebens findet.

Die Behandlung von Wert, Sinn und Ziel des Lebens steht im Mittelpunkt dieser Form von seelsorgerlicher Beratung.

b) Auch wenn Buße und Vergebung schon stattgefunden haben, ist das Aufarbeiten der Vergangenheit ein wichtiger Aspekt in der Seelsorge. Befreit von allem Ballast, kann der Gläubige erneut ein gebräuchliches Werkzeug in Gottes Hand werden.

* *Würde menschliche Liebe zur Vergangenheit eines Menschen nicht einfach „Schwamm drüber" sagen?*

Die Beispiele aus dem Johannesevangelium verdeutlichen, was Jesus unter Liebe verstand. Seine Liebe war nie weichlich und wich niemals von der Wahrheit ab. Er liebte jeden so, daß er nur das allerbeste für ihn im Sinn hatte. Deshalb scheute er sich auch nicht, den Finger auf die wunden Punkte im Leben dieser Menschen zu legen. Er deckte ihre Schuld auf und zeigte ihnen den Weg zurück zu Gott. Er ging diesen Weg auch stellvertretend für sie ans Kreuz. Eine harte Liebe. Aber eine Liebe, die trägt, hilft und heilt. Eine Liebe, die eiternde Wunden nicht nur abdeckt, sondern sie von Grund auf reinigt und gesund macht.

Zu diesem Dienst in Liebe und Wahrheit fordert Jesus Christus auch einen Seelsorger auf. Er soll und darf nicht schweigen, wenn Gläubige gegen Gottes Gebote handeln. Seine Aufgabe besteht vielmehr darin, irrenden Christen unter Gebet zurechtzuhelfen und sie zu ermutigen, auf Gottes Wegen zu gehen. Die Triebfeder seelsorgerlichen Ermahnens ist die Tatsache, daß echte Nachfolge nie Verlust sondern immer Gewinn bedeutet.

Anregungen für diesen Teil erhielt ich aus dem Buch von Jean Gibson: „Auf dem Weg zur Verantwortung - ein Modell biblischer Seelsorge" (CLV Verlag, 1.Auflage 1997) und dem „Kommentar zum Neuen Testament" von William MacDonald (ebenfalls CLV).

III. Liebe und Wahrheit in der Seelsorge – Zehn Spannungsfelder

III. LIEBE UND WAHRHEIT IN DER SEELSORGE - ZEHN SPANNUNGS-FELDER

Seelsorgerliches Bemühen auf dem Fundament biblischer Prinzipien ist in unserer Zeit schwieriger geworden denn je. Der Frömmigkeitsstil der Christenheit hat sich immer mehr den ethischen Trends der Gesellschaft angepaßt. Zeitanalysen besagen folgendes:

„Der Haupttrend der Moderne geht in die totale Beliebigkeit der Werte. Diese neue Ideologie des Pluralismus zerstört vor allem die alten Wahrheitsstrukturen. Absolutheitsansprüche werden relativiert. Es kann nicht mehr nur die eine Wahrheit geben. Die Ethik der Moderne ist deswegen geprägt vom Individualismus, d.h. Werte sind dann gut, wenn sie für mich gut sind und mich glücklich machen (Ego-Ethik).

Diese gesellschaftliche Orientierungslosigkeit beeinflußt leider auch die Frömmigkeitsformen evangelikaler Gemeinden.

Angesichts dieser Entwicklungen brauchen Christen ein Zurück zu den Geboten Gottes. Biblische Lebensregeln bleiben Rettungsringe für Ertrinkende und Leitplanken für Umherirrende, auch für den Menschen von heute. Gottes Ordnungen sind darum absolut verbindlich, keine Vorschläge oder Optionen, die zur Abstimmung stehen und durch Mehrheitsbeschlüsse außer Kraft gesetzt werden können. Wer die Gebote Gottes mit Füßen tritt, schaufelt sich sein eigenes Grab."[20a]

Biblisch orientierte Seelsorger halten deswegen daran fest, daß im Zentrum aller biblischen Anweisungen die Liebe Gottes zum Menschen steht. Er meint es gut. Als Schöpfer weiß er, nach welchen Gesetzen das Leben auf Erden am besten gelingt. In der Befolgung seiner Gebote liegt das wahre Glück für jeden Menschen.

Im folgenden Teil geht es nun darum, zu jedem ethischen Thema die guten Ordnungen Gottes zu erforschen, in Liebe damit umzugehen, ohne sich dabei von rein menschlicher Barmherzigkeit irreführen zu lassen.

Jedes Lehrthema soll in sich eine konkrete Hilfestellung für die seelsorgerliche Beratung sein.

Folgendes Ablaufschema kann jedem Themenbereich als Modell für das seelsorgerliche Handeln zugrunde gelegt werden:

„Aufgabe des Seelsorgers

- **Erkunden:**
Informationen über Vergangenheit und Gegenwart einholen (Anamnese)
- **Verstehen:**
Ursachen und Entstehungsbedingungen der Problematik ergründen (Problemanalyse)
- **Ermahnen:**
Probleme erläutern, biblisch belehren, der Sünde überführen und zurechtweisen

Aufgabe des Ratsuchenden

- **Erkennen:**
Schuldhaftes Verhalten der Vergangenheit und sündige Einstellungen erkennen
- **Bekennen:**
Sündiges Verhalten und sündige Haltungen eingestehen und vor Gott aufrichtig Buße tun

Aufgabe des Seelsorgers

- **Aufrichten:**
Vergebung zusprechen sowie Trost und Hoffnung vermitteln
- **Beraten:**
Biblische Richtlinien und Ratschläge mitgeben (Hausaufgaben). Den Ratsuchenden bei der Umsetzung des Erkannten begleiten

Aufgabe des Ratsuchenden

- Verändern
Sündhafte und schädliche Gewohnheiten ablegen und Ratschläge des Seelsorgers in die Praxis umsetzen"[21]

In den Fallbeispielen gebe ich wahrheitsgetreue Lebensberichte weiter. Ich tue es mit ausdrücklicher Erlaubnis der betreffenden Personen. Ist das seelsorgerliche Problem öffentlich in der Gemeinde bekannt, schildere ich das Fallbeispiel verschlüsselt und mit veränderter Namensnennung. Es liegt mir sehr am Herzen, bei allen Schilderungen das Seelsorgegeheimnis zu wahren.

1. Freundschaft oder Ehe mit einem Ungläubigen

"Ziehet nicht gemeinsam mit den Ungläubigen am fremden Joch"

2. Kor. 6, 14a

1. FREUNDSCHAFT ODER EHE MIT EINEM UNGLÄUBIGEN

„Viele unglückliche Verbindungen zwischen Gläubigen und Ungläubigen könnten vermieden werden, wenn junge Christen ihre scheinbar ‚persönliche Führung' nicht über die guten Maßstäbe Gottes stellen würden.

Immer wieder lassen sich Gläubige auf ein ‚missionarisches Rendezvous' ein. Sie denken, es sei in Ordnung mit einem Ungläubigen auszugehen, so lange es nicht ‚zu ernst' wird. ‚Nur ein- oder zweimal Ausgehen kann nicht schaden. Vielleicht kann ich ihn sogar zum Herrn führen.' Aber ehe sie sich versehen, haben sie sich verliebt. Ein Christ, der bereit ist, sich auf ein Rendezvous mit einem Nichtgläubigen einzulassen, ist auch in der Lage, einen Ungläubigen zu heiraten. Sehr viele sind unglücklich verheiratet, weil sie die Stimme Gottes durch ihre eigenen Wünsche übertönt haben."[22]

Gott möchte gerne vor unnötigem Leid bewahren. Deshalb mögen biblische Prinzipien über Jochgemeinschaft zum Gehorsam ermutigen.

Biblische Wahrheiten

1.1 Gottes Ordnung im Alten und Neuen Bund

1.1.1 Verbot der Eheschließung zwischen Juden und Heiden im Alten Bund

5.Mo.7,2b-4: „Du sollst keinen Bund mit ihnen (Heiden) schließen, noch ihnen gnädig sein. Und du sollst dich nicht mit ihnen verschwägern. Deine Tochter darfst du nicht seinem Sohn geben, und seine Tochter darfst du nicht für deinen Sohn nehmen. Denn er würde deinen Sohn von mir abwenden, daß er anderen Göttern dient."

Doch immer wieder machte sich das Volk Israel durch die eheliche Verbindung mit den Heiden unrein. Aber es kehrte auch von Ungehorsamswegen zu Gott zurück. Esra 10 beschreibt sogar die unbarmherzig erscheinende Auflösung solcher Mischehen. 113 Juden waren damals in den Fall verstrickt. Die Lage war doch recht alarmierend, da ein Viertel der Gesetzesübertreter aus der religiösen Führerschicht stammte (Esra 10,18-44).

1.1.2 Verbot der Eheschließung zwischen gläubigen und ungläubigen Menschen im Neuen Bund

1.Kor.7,39b: „... frei sich zu verheiraten, an wen sie will, <u>nur im Herrn muß es geschehen</u>." In diesem Vers geht es um Witwen. Ledige und verwitwete Christen bringen in bezug auf eine Eheschließung jedoch dieselben Voraussetzungen mit.

2.Kor.6,14+15: „Geht nicht unter fremdartigem Joch mit Ungläubigen. Denn welche Verbindung haben Gerechtigkeit und Gesetzlosigkeit? Oder welche Gemeinschaft Licht und Finsternis? Und welche Übereinstimmung Christus mit Belial? Oder welches Teil hat ein Gläubiger mit einem Ungläubigen?"

Paulus redet hier im Kontext des Abschnittes von der Haltung des Gläubigen in der Gesellschaft. Er ermahnt die Christen, in keinem Gebiet ihres Lebens am fremden Joch mit Ungläubigen zu ziehen. Dazu gehört auch der Bereich der Partnerwahl.

Das Bild vom ungleichen Joch veranschaulicht sehr deutlich, daß ein Christ letztlich leiden wird, wenn er an jemanden gebunden ist, der ständig in eine Richtung ziehen will, die der eigenen entgegengesetzt ist. Das Leben wird bewußt und unbewußt zu einem Tauziehen.

1.2. Die ungleiche Jochgemeinschaft

1.2.1 Die Prinzipien einer ungleichen Jochgemeinschaft

„a) Der Ungläubige ist nicht in einem Zustand der Neutralität. Er ist ein Feind Gottes (Eph.2,1ff; Röm.8,7).

b) Der Ungläubige hat andere Lebensziele als der Gläubige. Die ewige Zukunft des Ungläubigen ist die ewige Verdammnis. Der Ungläubige steht unter dem Zorn Gottes (Joh.3,36; Apg.4,12; Offb.20,11-15).

c) Der Ungläubige kann geistliche Dinge nicht verstehen. Sie sind ihm eine Torheit (1.Kor.2,14). Der gläubige Teil kann deswegen keine geistliche Hilfe und Unterstützung bei ihm finden, wenn er sie nötig hat.

Auch die letzte tiefe Gemeinschaft, wie sie im gemeinsamen Gebet zum Ausdruck kommt, wird nicht erlebt werden können.

d) Der Gläubige kann dem ungläubigen Ehepartner ein ‚fauler Geruch des Todes' werden (2.Kor.2.15-16). Gott gibt dem gläubigen Teil keine generelle Verheißung, daß der Partner zum Glauben kommt.

e) Die gläubige Frau muß sich dem ungläubigen Ehemann freiwillig unterordnen - einem Mann, der nicht auf Gott hört und deshalb auf geistliche Bedürfnisse nicht eingehen kann (Eph.5,22-24).

f) Der gläubige Mann muß seine ungläubige Ehefrau so lieben, wie Christus die Gemeinde geliebt hat. Er hat die Verantwortung für die geistliche Führung der Familie. Wie soll die aber aussehen, wenn sich die Frau dieser geistlichenFührung nicht unterstellt und ihn dabei nicht unterstützt (Eph.5,22-33)?

g) Die Erziehung der Kinder ist durch die unterschiedlichen Lebensanschauungen und Lebensziele zusätzlichen Belastungen ausgesetzt. Ein gläubiger Vater oder eine gläubige Mutter hat die Verantwortung und den Wunsch, die Kinder zum Glauben an Jesus Christus hinzuführen. Der ungläubige Partner wird dieses Vorhaben nicht unterstützen und eventuell sogar verhindern wollen.

h) Der Ungläubige teilt die Liebe zu Jesus Christus nicht, und der Gläubige die Liebe zur Welt nicht. Der Gläubige ist deswegen ständig versucht, in seinem Glaubensleben Kompromisse einzugehen, um den Frieden in der Ehe zu erhalten. Er kann nicht ungehindert dem Herrn dienen."[23]

1.2.2 Die Ungerechtigkeit einer ungleichen Jochgemeinschaft

„a) Die ungleiche Jochgemeinschaft ist eine Ungerechtigkeit gegenüber dem Ungläubigen

- Der Gläubige gibt seine Treue zuerst dem Herrn (Prioritäten). Der Ungläubige erwartet jedoch, daß er (sie) im Herzen des Gläubigen die wichtigste Person ist.

- Der Ungläubige hat andere Ziele als der Gläubige. Der Ungläubige erwartet jedoch, daß der gläubige Ehepartner die Ziele des ungläubigen Partners voll unterstützt. Wie können zwei, die entgegengesetzte Ziele haben, in die gleiche Richtung gehen?

b) Die ungleiche Jochgemeinschaft ist eine Ungerechtigkeit gegenüber dem Gläubigen

- Die Ehe ist keine Evangelisationsmethode. Der Gläubige hat keine Verheißung, daß der ungläubige Ehepartner zum Glauben kommt. Es geschieht auch sehr selten, daß der ungläubige Partner, den ein Gläubiger im Ungehorsam gegenüber Gott geheiratet hat, gläubig wird.
- In einer ungleichen Jochgemeinschaft verkümmert meistens der Glaube des Gläubigen.

c) Die ungleiche Jochgemeinschaft ist eine Ungerechtigkeit gegenüber Gott

- Gott hat den Gläubigen aus dem Reich der Finsternis erlöst und ihn in das Reich Jesu Christi versetzt. Wer einen Ungläubigen heiratet, hat jedoch den Teufel zum ‚Schwiegervater' (Apg.26,18; Kol.1,12-13).
- Gott hat den Gläubigen dazu erwählt, ihm zu dienen (2.Kor.5,15; Eph.2,10; Tit.2,14).

d) Die ungleiche Jochgemeinschaft ist eine Ungerechtigkeit gegenüber den Kindern

- Eine ungleiche Jochgemeinschaft ist unfair gegenüber den Kindern, die in solch eine Ehe hineingeboren werden, da jeder Elternteil andere Erziehungsmethoden und andere Erziehungsziele hat.
- Bei vielen Ehezwistigkeiten stehen die Kinder als unschuldige Teilhaber des Leidens dazwischen."[24]

1.2.3 Die Ursachen einer ungleichen Jochgemeinschaft

„a) Unwissenheit über geistliche Prinzipien und über persönliche Beziehungen (Gefühle können überlisten und verführen)

b) Mangelnde Einsicht bezüglich der Gefahren (Spr.27,12)

c) Rebellion gegen Gott und die Eltern (Ps.68,7b)

d) Gleichgültigkeit gegenüber dem Willen Gottes

e) Zeitliches statt ewiges Wertsystem

f) Überbewertung der Sexualität

g) Mangelnde Verbindlichkeit in der Nachfolge Jesu"[25]

Biblische Beratung

Gott verbietet die ungleiche Jochgemeinschaft.

a) Der Christ soll seine engen Freunde deswegen nicht unter Ungläubigen suchen, besonders nicht unter Ungläubigen des anderen Geschlechts, wo eine Liebesbeziehung entstehen könnte. In Haggai 2,10-14 wird das wichtige Prinzip gelehrt, daß ein fauler Apfel die gesunden Äpfel faul macht und nicht umgekehrt.

In der Seelsorge soll schon vor leichtfertigen Verabredungen gewarnt werden. Menschlich-barmherzige Ratschläge in der Freundschaftsphase („Er/sie wird durch dich in der Ehe schon zum Glauben kommen") können großen Schaden anrichten (1.Kor.7,16).

b) Ein christlicher Seelsorger muß versuchen, die Eheschließung zu verhindern, auch wenn er mit seinem Rat zunächst seelischen Schmerz zufügt (Hebr.4,12).

c) Das Wissen darum, daß Gott viel bessere Pläne für den Gläubigen hat, soll zum Gehorsam motivieren. Leider werden die Warnungen oft nicht gehört, und es kommt zur Heirat.

d) Bereut der wiedergeborene Christ nach der Eheschließung seinen Ungehorsam und tut aufrichtig Buße vor Gott, so erhält er Vergebung für seine Schuld. Der Ehebund darf jedoch nicht mehr gelöst werden. Gott schützt die Ehe. Der gläubige Teil wird aber durch die Verbindung nicht mehr unrein, sondern der ungläubige Teil wird durch den Gläubigen geheiligt (1.Kor.7,12-14). In manchen Fällen gibt Gott noch besondere Gnade, so daß die ganze Familie gläubig wird (1.Petr.3,1- 2).

Kernsätze

> **Biblisches Prinzip:**
> **Gott schützt die eheliche Einheit.**
> **Biblischer Rat:**
> **Trennung einer Verbindung zwischen Gläubigen und Ungläubigen**
> **bis zum Hochzeitstag - danach nicht mehr.**

Fallbeispiel 1

„Ich bin 16 Jahre alt und die Tochter eines Missionars. Ich hatte wirklich eine enge Beziehung zum Herrn und erlebte so viel Gutes mit ihm. Aber dann lernte ich an meiner Schule einen Jungen kennen. Er ist kein Christ. Wir gehen schon seit über drei Monaten regelmäßig miteinander aus. Am Anfang dachte ich, diese Beziehung sei in Ordnung, solange wir nicht beabsichtigten zu heiraten, was ich sowieso nicht wollte, weil er kein Christ ist. Aber vor kurzem sagte mir jemand, daß mein Verhalten falsch sei. Ich hätte gar nicht erst mit ihm ausgehen (und eine Freundschaft beginnen) dürfen. Heute abend besuchte er mich, als ich mir gerade eine neue Kassette anhörte. Er lachte über die ‚ausgeflippte Jesusmasche' und ‚die blöden christlichen Songs'. Ich sagte ihm, daß mich die Art, wie er über den Namen Jesus herzog, sehr verletzte. Und nun fühle ich mich innerlich ziemlich elend wegen der ganzen Sache. Ich merke, daß wir unsere Beziehung beenden sollten. Aber es ist sehr schwer, weil wir uns so mögen. Ich bitte den Herrn jetzt wirklich um Weisheit."[26]

Fallbeispiel 2

Martin ist als Ungläubiger mit Susi befreundet. Er kommt zum Glauben an Jesus Christus und will nun auch sie für Jesus gewinnen. Susi ist nach einiger Zeit zum gemeinsamen Bibelstudium mit meinem Mann bereit. Die menschliche Barmherzigkeit will warten, weil Susi guten Willens ist.

Martin selbst erkennt nach einiger Zeit, daß Gottes Wort die Trennung befiehlt. Er spürt, wie Susi ihn ungewollt von einer konsequenten Nachfolge abhält. Er trennt sich von ihr. Ein anderer Gläubiger wirft ihm danach Unbarmherzigkeit und Lieblosigkeit vor. Susi würde sehr leiden

(„Geh hinter mich Satan, du meinst nicht was göttlich, sondern was menschlich ist."). Nach überwundener Anfechtung folgen bei Martin feine geistliche Wachstumsschritte. Er wird zum Beter und Mitarbeiter in der Gemeinde. Seine Eltern finden zu Jesus Christus. Im Sommer 1995 lernt er auf einer Freizeit ein gläubiges Mädchen kennen. Im September 1997 heiraten die beiden und dienen nun gemeinsam dem Herrn. Auf Gehorsam liegt Segen für das persönliche Leben.

Fallbeispiel 3

Die gläubige Ute ist vom ungläubigen Freund Michael schwanger. Die menschliche Barmherzigkeit rät zur Eheschließung. Diese Weisung kann man auch in einem christlichen Ehebuch lesen. Die Ehe wird darin mit dem Vollzug des Geschlechtsverkehrs als geschlossen und gültig angesehen.

Soll die erste Sünde (vorehelicher Geschlechtsverkehr) durch einen nächsten Ungehorsamsschritt (Heirat eines Ungläubigen) wiedergutgemacht werden?

Ute will unter allen Umständen Gott gehorsam sein. Sie trennt sich von ihrem Freund und tut über dieser Verbindung Buße vor dem Herrn. Einige Wochen später kommt Michael zum Glauben an Jesus Christus. Die konsequente Nachfolge seiner Freundin hat ihn zutiefst beeindruckt. Seine Bekehrung stellt sich nach einer Prüfungszeit als echt heraus. Das Kind kann ehelich geboren werden. Beide sind heute engagierte Mitarbeiter im Reich Gottes und ein leuchtendes Beispiel dafür, wie Gott die Umkehr von falschen Wegen belohnt.

Fallbeispiel 4

Birgit und Rudi sind beide ungläubig und leben schon seit zehn Jahren zusammen. Birgit wird durch eine Bibelausstellung auf unsere Gemeinde aufmerksam und besucht daraufhin regelmäßig die Veranstaltungen. In einem seelsorgerlichen Gespräch erzählt sie von ihrem Freund. Ich bespreche mit ihr den Heilsweg, ohne sie jedoch auf die notwendigen Konsequenzen bezüglich ihrer Beziehung zu Rudi hinzuweisen. Ich will barmherzig sein und sie mit dieser Information erst nach der Bekehrung konfrontieren. Bald darauf entscheidet sie sich, Jesus Christus in ihr Herz aufzunehmen. Einige Monate später wird im Hauskreis das Thema „Unzucht" anhand des Korintherbriefes behandelt. Nun folgen viele persönliche

Gespräche mit Birgit. Die biblische Weisung, sich von Rudi zu trennen, empfindet sie unchristlich und unbarmherzig. Das Angebot, mit ihrem Lebensgefährten das Gespräch zu suchen, lehnt sie ab. Nach fast zweijährigem Ringen wird sie von den verantwortlichen Brüdern gebeten, der Gemeinde fern zu bleiben. Ich selbst habe für meine falsche seelsorgerliche Vorgehensweise Buße getan. Menschliche Barmherzigkeit hat in diesem Fall viel Schaden angerichtet. Biblische Prinzipien dürfen aus Liebe zum Menschen nicht verschwiegen werden.

Literaturempfehlung:
- Traktat von Melody Green: „Freundschaft oder Ehe mit einem Ungläubigen?" (zu beziehen durch: Missionswerk „Die Bruderhand" e.V. Waldweg 3, D-29342 Wienhausen)
- Studienheft von Ernst Maier: „Freundschaft - Liebe - Partnerwahl", Heft 36, (zu beziehen durch: Biblischer Missionsdienst, Marktstraße 29, 72793 Pfullingen)

2. Das Zusammenleben von Christen ohne Trauschein

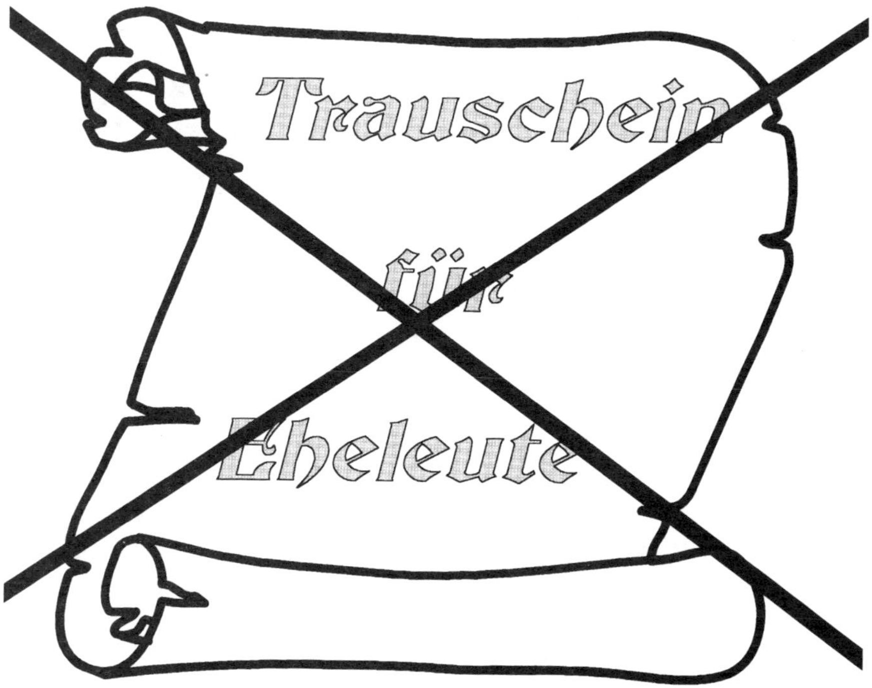

2. DAS ZUSAMMENLEBEN VON CHRISTEN OHNE TRAU-SCHEIN

In der heutigen Gesellschaft ist das Zusammenleben ohne Trauschein „normal" geworden. Sogar Christen führen immer wieder das Argument an, daß das Standesamt in der Bibel nicht vorkommt. Weil Gottes hilfreiche Lebensregel übergangen wird, gibt es leider auch in diesem Bereich viel Herzeleid. Gott meint es aber gut mit dem Menschen, wenn er für die Sexualität den Schutzraum der Ehe anordnet.

Die biblische Betrachtung muß sich demnach mit Gottes wohlwollenden Gedanken zu Ehe und Sexualität beschäftigen, um in der Seelsorge zum Gehorsam ermutigen zu können.

Biblische Wahrheiten

2.1 Gottes Gedanken zur Ehe

Der Ausgangspunkt für jede Betrachtung über die Eheschließung ist

1.Mose 2,24: „Darum wird ein Mann seinen Vater und seine Mutter verlassen und seiner Frau anhangen, und sie werden zu einem Fleisch werden."

Mt.19,5-7: „Darum wird ein Mensch seinen Vater und seine Mutter verlassen, und die zwei werden ein Fleisch sein; daher sind sie nicht mehr zwei, sondern ein Fleisch. Was nun Gott zusammengefügt hat, soll ein Mensch nicht scheiden" (vgl. auch Mk. 9,7-9, Eph.5,30).

Die Ehe ist eine von Gott angeordnete und institutionalisierte menschliche Beziehung. Während Landesgesetze und Ehesitten in verschiedenen Kulturen variieren, beinhaltet die Eheschließung selbst grundsätzlich drei Faktoren:

„2.2.1 Der erste Faktor ist die Exklusivität - das Verlassen:
Wenn ein Mann und eine Frau heiraten, verlassen sie in Gottes Augen ihre Eltern und bilden ein neues exklusives Verhältnis. Der

Faktor ‚Exklusivität‘ bedeutet, daß die Bindung von Mann und Frau nach der Bindung an Gott höchste Priorität besitzt.

2. 2.2   Der zweite Faktor ist die Beständigkeit - das Anhangen:
Als Mann und Frau ‚zusammenhängen‘ heißt aus der Sicht Gottes, beständig aneinander gebunden (hebr.: zusammengeleimt, verschweißt) sein. Wenn Gott ein Paar ‚zusammenklebt‘, dann ist es lebenslang miteinander verklebt (Mk.10,9; 1.Kor.7,39; Röm.7,3).
Jede Heirat beruht auf einer Willensentscheidung zweier Menschen. Der Herr bestätigt jedoch eine öffentliche Eheschließung mit der Aussage: ‚Gott hat zusammengefügt‘. Da es sich beim Ehebund um eine Schöpfungsordnung handelt, gilt die göttliche Bestätigung auch für die Heirat ungläubiger Menschen und solchen, die bei ihrer Partnerwahl nicht nach seinem Willen gefragt haben. Das gleiche Prinzip finden wir auch bei der Zeugung eines Kindes. Die Zeugung ist ein Willensakt zweier Menschen (Joh.1,13). Doch Gott stellt sich dazu. Demnach ist jeder neue Erdenbürger eine Gabe Gottes (Ps. 127,3).

2.2.3   Der dritte Faktor ist die Intimität - Ein-Fleisch-Werden:
In der ganzen Bibel bezieht sich ‚ein Fleisch sein‘ auf sexuelle Einheit oder Intimität, idealerweise zwischen Ehemann und Ehefrau (1.Mo.29,23; Mt.19,5-6; Mk.10,7-8; 1.Kor.6,16; Eph.5,31).“[27]

„Es ist also nur dann von Ehe die Rede, wenn ein Ehebund geschlossen worden ist.

a) Dabei werden Eide und Gelöbnisse abgelegt (diese können grundsätzlich nicht mehr ungeschehen gemacht werden; 4.Mo.30; 5.Mo.7,8; 29,12+14).

b) Dabei sind Zeugen anwesend (diese werden auch durch unsere Gesetzgebung immer noch gefordert; 1.Mo.29,22; Richt.14,10; Mal.2,14).“[28]

2.2 Gottes Gedanken zur Sexualität

Es gibt in der Christenheit zwei extreme Beurteilungen der Sexualität:

„a) Ehelicher Verkehr ist ausschließlich zum Kinderzeugen da. Alles andere ist ‚Wollust', die Gott nur als Zugeständnis für solche erlaubt, die sich nicht enthalten können (Vertreter dieser Sicht in der Kirchengeschichte waren z.B. Tertullian, Augustinus, u.a.).

b) Sexualität wird zum Götzen erhoben. Männer und Frauen werden zu Sklaven der Lust, anstatt Gott mit Freude und Dankbarkeit zu dienen."[29]

Diese Ansichten veranlassen einen Seelsorger, zu den biblischen Quellen zurückzukehren.

2.2.1 Die Gabe der Sexualität

Die Bibel spricht von der Sexualität als Teil der „sehr guten" Schöpfung. Sie ist Gabe Gottes an den Menschen, den er mit der Fähigkeit zu tiefen Gefühlen und Empfindungen ausgestattet hat.

a) Deswegen brauchte ein Israelit, der kürzlich eine Frau geheiratet hatte, nicht in den Krieg zu ziehen. Er sollte seine Frau erfreuen (5.Mo.24,5) und durfte sich an ihr erfreuen (Spr.5,18-19).

b) Deswegen erlaubte Gott, daß Salomo im Buch Hohelied den Intimverkehr mit seiner Frau Sulamith in erotischer Sprache beschreibt.

c) Deswegen durfte Paulus die eheliche Vereinigung als Bild für die Beziehung von Christus zu seiner Gemeinde verwenden (Eph.5,31).

d) Deswegen warnt Gott sogar vor langen Enthaltsamkeitsphasen in der Ehe (1.Kor.7,5).

Die intimen Beziehungen bezwecken also nicht nur die Zeugung der Nachkommen, sondern sind normalerweise die Folge einer glücklichen Geistes- und Herzensgemeinschaft. Die sexuelle Vereinigung ist demnach der Ausdruck eines harmonischen Einsseins nach Geist, Seele und Leib in gegenseitiger Achtung.

2.2.2 Der Rahmen für die Sexualität

5.Mo.22,28+29: „Wenn ein Mann eine Frau trifft, eine Jungfrau, die nicht verlobt ist, und ergreift sie und liegt bei ihr, und sie werden dabei angetroffen: ... dann soll das Mädchen seine Frau werden, weil er sie geschwächt hat."

1.Kor.7,1+2: „... es ist gut für einen Menschen keine Frau zu berühren. Aber um der Unzucht willen, habe jeder seine eigene Frau, und jede habe ihren eigenen Mann."

1.Kor.7,8+9: „Ich sage aber den Unverheirateten und Witwen (nicht Geschiedenen): es ist gut für sie, wenn sie bleiben wie ich. Wenn sie sich aber nicht enthalten können, so sollen sie heiraten, denn es ist besser zu heiraten, als vor Verlangen zu brennen."

Der von Gott bestimmte, schützende Rahmen für die Sexualität ist ausschließlich und allein die Ehe. Ohne biblisches Verlassen und Anhangen wird es auch niemals eine „ein Fleisch"-Intimität geben. Es ist zwar Sexualverkehr möglich, aber niemals persönliche Intimität und Erfüllung. Sprüche 5,15-23 beschreibt die erotische Liebe innerhalb der Ehe und warnt zugleich sehr ernst vor außerehelichen sexuellen Verbindungen.

2.3 Die sexuelle Sünde

2.3.1 Die Arten sexueller Sünde

Geschlechtliche Vereinigung außerhalb des Ehebundes nennt die Bibel Sünde.

Sie spricht von:
a) **Unzucht** bzw. Hurerei (porneia) und meint damit jede Art illegitimen Geschlechtsverkehrs, das voreheliche Verhältnis eingeschlossen; (Joh.8,3; 1.Kor.5,1; 1.Ko.6,9+13-18; Gal.5,19; Eph.5,5; Hebr.13,4).

b) **Ehebruch** (moicheia) und meint damit eine außereheliche Beziehung oder eine Wiederheirat (Mt.5,32; Mt.9,19; Mk.10,11+12; Luk.16,18; Röm.7,3; Hebr.13,4).

Jesus Christus bezeichnet schon die sexuelle Lust als Sünde.
Mt.5,28: „Ich aber sage euch, daß jeder, der eine Frau ansieht, sie zu begehren, schon Ehebruch mit ihr begangen hat in seinem Herzen."

Der Herr Jesus akzeptiert auch kein eheähnliches Verhältnis als Ehebund.
Joh.4,18: „Fünf Männer hast du gehabt und der, den du jetzt hast (mit dem du jetzt zusammenlebst), ist nicht dein Mann ..."

Paulus warnt vor sexueller Versündigung.
1. Kor.6,18: „Flieht die Unzucht! Jede Sünde, die ein Mensch begehen mag, ist außerhalb des Leibes; wer aber Unzucht treibt, sündigt am eigenen Leib."
Eph.5,3: „Unzucht aber und alle Unreinheit oder Habsucht sollen nicht einmal unter euch genannt werden, wie es den Heiligen geziemt."
Kol.3,5: „Tötet nun eure Glieder, die auf der Erde sind: Unzucht, Unreinheit, Leidenschaft, böse Lust und Habsucht, die Götzendienst ist."

2.3.2 Der Preis sexueller Sünde

„- Der Ruf, insbesondere der Ruf des Mädchens, ist geschädigt.
- Die Selbstachtung ist geschädigt, da das eigene Gewissen belastet ist.
- Die Achtung und das Vertrauen des Mädchens gegenüber dem Mann ist geschädigt.
- Das Mädchen fühlt sich an den Mann gebunden. Es besteht die Gefahr, den falschen Partner zu heiraten.
- Vorweggenommene körperliche Beziehung erschwert das Erreichen der tieferen Intimität der Seele und des Geistes.
- Partner mit vorehelichem Geschlechtsverkehr haben leichter ehebrecherische Beziehungen in der Ehe.
- Es besteht die Gefahr einer unehelichen Schwangerschaft.
- Die Versuchung zu einem Schwangerschaftsabbruch ist größer.

- Die Versuchung, den Vater des Kindes zu heiraten, auch wenn die weiteren Voraussetzungen nicht gegeben sind, ist größer.
- Unehelich geborene Kinder wachsen meist unter ungünstigen Verhältnissen auf.
- Dem Kind fehlt das Vorbild einer guten Ehe.
- Das geistliche Leben wird durch die Schuld belastet. Das hat Auswirkungen auf das Gebetsleben (Ps.66,16) und den Umgang mit dem Wort Gottes (2.Tim.3,16)."[30]

2.3.3 Die Überwindung sexueller Sünde

„a) In der Freundschaftsphase sollen schon im voraus Maßstäbe festgesetzt werden. Man trifft die Abmachung: ‚Unsere Freundschaft soll ohne körperlichen Kontakt sein.'
Der Mann kennt dann seine Grenzen, und die Frau ist frei von Angst, den Freund abwehren zu müssen. Dadurch erspart man sich peinliche und beschämende Situationen.

b) In der Freundschaftsphase soll ‚keine Vorsorge für das Fleisch' getroffen werden. Es ist sinnvoll, die Zeit und die Aktivitäten so zu planen, daß andere anwesend sind oder jederzeit dazukommen können."[31]

2.4 Der Vergleich von Ehe und Nichtehe

In der Ehe	Ohne Ehe
- „vereinigt man sich ‚auf Lebenszeit' (§ 1353 BGB), ‚bis daß der Tod uns scheidet'.	- gründet man eine Lebensgemeinschaft auf begrenzte Zeit unter dem Vorbehalt, daß jeder Partner sie formlos aufkündigen kann, ‚bis daß einer sich vom anderen scheidet'.
- verspricht man sich Treue ‚in guten und bösen Tagen'.	- führt man eine Schönwetterehe, die gelöst werden kann, wenn sie einem der beiden lästig wird.

- gibt man sein Versprechen öffentlich und in gesetzlich vorgeschriebener Form (Trauung) ab und kann auch nur in vorgeschriebener Form (Scheidung) voneinander getrennt werden.	- zieht man formlos zusammen und formlos auseinander, ohne den an die Form anknüpfenden Schutz des Rechtes zu genießen.
- kann man sich im Prinzip aufeinander verlassen, gemeinsam Kinder zeugen, ein Haus planen und bauen.	- muß man mißtrauisch bleiben und kann sich zu der langwierigen Aufgabe der Kindererziehung nicht leicht entschließen. Nichteheliche Lebensgemeinschaften sind kinderfeindlich. Darum werden sie oftmals erst nach der Geburt von Kindern in Ehen umgewandelt.
- ist man kraft Gesetzes Erbe des verstorbenen Ehegatten und hat ein gesetzliches Erbrecht oder zumindest ein sogenanntes Pflichtteilsrecht.	- beerben sich die Partner im Todesfall nicht. Es gibt keine Versorgung des anderen über den Tod hinaus."[32]

Biblische Beratung

a) Ein Zusammenleben ohne Trauschein widerspricht der guten Ordnung Gottes.

b) Die Geschlechtsgemeinschaft ist erst nach der öffentlichen Eheschließung erlaubt und führt erst innerhalb dieses Schutzrahmens zur gottgewollten Erfüllung.

c) Vorehelicher Verkehr ist nicht nur unmoralisch, sondern bringt auch den zukünftigen Ehepartner um das einzigartige Vorrecht, eine Jungfrau in die Ehe zu führen.

Auch in dem Bereich darf sich biblische Seelsorge nicht von menschlicher Barmherzigkeit leiten lassen. Jahrelanges Zusammenleben ohne Trauschein verniedlicht die Sünde der Unzucht nicht.

Kernsätze

> **Biblisches Prinzip:**
> **Gott schützt die eheliche Intimgemeinschaft.**
> **Biblischer Rat:**
> **Keine sexuelle Gemeinschaft (am besten räumliche Trennung) bis**
> **zur offiziellen Eheschließung.**

Fallbeispiel 1

Gabi und Hans leben schon einige Jahre ohne Trauschein zusammen in einer Wohnung. Seinen gläubigen Eltern zuliebe besuchen sie den Gottesdienst in einer Gemeinde. Von der Botschaft angesprochen, bitten sie den Verkündiger um ein Gespräch. Sie bekehren sich. Bald darauf wird ihnen klar, daß sie vor Gott in Unzucht leben. Die barmherzige Beratung würde bei feststehendem Hochzeitstermin von der räumlichen Trennung abraten.

Hans will jedoch nicht länger in der Sünde leben. Gott zuliebe nimmt er Unannehmlichkeiten und Geldverlust in Kauf. Er zieht aus der gemeinsamen Wohnung aus. Jesus Christus hat nun den ersten Platz im Leben beider. Deswegen prüfen sie jetzt grundsätzlich, ob sie zusammengehören. Später sind sie als Familie für mehrere Jahre aktive Mitarbeiter in der Äußeren Mission. Konsequente Nachfolge macht gebräuchlich für den Herrn.

Fallbeispiel 2

„Auf das Rentnerdasein hat sich das gläubige Ehepaar gefreut. Doch als es soweit war, kommt alles ganz anders. Krebs im letzten Stadium. Trotz intensiver Gebete nimmt Gott den Mann zu sich. Das Leben als Witwe fällt schwer.

Eines Tages ist eine Reparatur nötig, und ein Handwerker kommt ins Haus. Er muß einige Male kommen, um noch dies und jenes in Ordnung zu bringen. Zuletzt wird er der ‚Hausfreund‘, der sich in rücksichtsvoller Art anbietet, eine schmerzliche Lücke zu füllen.

Hinter ihrem Rücken beginnt nun das Getuschel. Eine gläubige Nachbarin wagt es, sie darauf aufmerksam zu machen, daß ein Zusammenleben ohne Trauschein Gott nicht wohlgefällig sei. Da tritt sie aber ins Fettnäpf-chen. Erstens habe sie keine Ahnung, wie schlimm die Einsamkeit sei. Und dann könne sie auch nicht wissen, wie gut der Mann zu ihr sei. Übri-gens könne Gott doch von ihr nicht verlangen, daß sie ihre gute Witwen-rente einbüßen solle, wenn sie noch einmal heiraten würde. Damals als die Bibel geschrieben worden ist, seien ja ganz andere Verhältnisse gewesen. Da habe es noch kein Rentensystem gegeben. Die Hauptsache sei ja, daß man beim Zusammenleben dem einen Partner die Treue halte. Und das tue sie.

Die Nachbarin hätte weinen können, weil der Versuch zur Hilfe so mißverstanden worden ist. Dieses Gespräch bleibt fruchtlos, und das Ver-hältnis zwischen den beiden Frauen ist seither getrübt.“[33]

Literaturempfehlung:
- Studienheft von Ernst Maier: „Freundschaft - Liebe - Partnerwahl", Heft 36, (zu beziehen durch: Biblischer Missionsdienst, Marktstraße 29, 72793 Pfullingen)
- Wolfgang Bühne: „Kann den Liebe Sünde sein", CLV-Verlag Bielefeld 1995

3. Scheidung und Wiederheirat

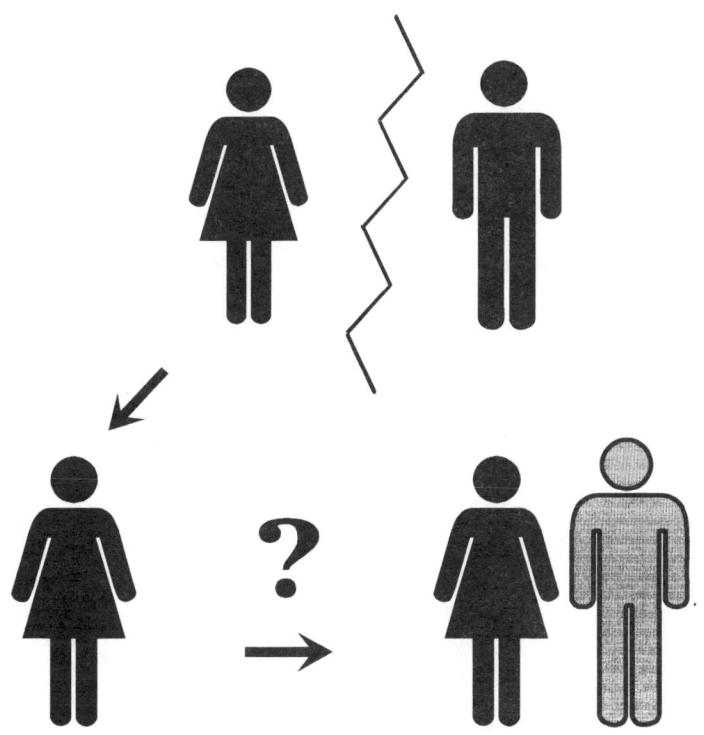

3. SCHEIDUNG UND WIEDERHEIRAT

Dieses Thema ist brisant. Die Scheidungsrate ist in den letzten Jahren sehr angestiegen, und im christlichen Lager findet man dazu die unterschiedlichsten Erkenntnisse und Ratschläge.

Hinter den Ausführungen steht wiederum der Grundgedanke, daß Gott es mit seinen Anweisungen gut meint. Seine Lebensregel will seelische Schäden, die Scheidungen gerade bei Kindern nach sich ziehen, verhindern.

W.J. Ouweneel fand heraus, daß es bezüglich Scheidung und Wiederheirat in der Kirchengeschichte hauptsächlich zwei große Linien gibt:

„a) Nahezu alle sogenannten ‚Kirchenväter' (Hermas, Justinus der Märtyrer, Athenagoras, Irenäus, Clemens von Alexandrien, Origenes, Tertullian, Chrysostomus, Ambrosius, Hieronymus, Augustinus, später A. Fleck und E. Bauder und viele andere) vertraten den Standpunkt, daß die Ehe für das ganze Leben geschlossen wird und daher, selbst bei Ehebruch, im Grundsatz unauflösbar ist.

b) Die andere Auffassung besagt, daß die Ehe durch Ehebruch grundsätzlich gebrochen ist. Darum hat der unschuldige Teil in diesem Fall das Recht, sich scheiden zu lassen. Da die Ehe dann nicht nur vor der Obrigkeit, sondern auch vor Gott nicht mehr besteht, ist der unschuldige Teil ohne weiteres berechtigt, wieder zu heiraten. Diese Auffassung wurde das erste Mal bei Erasmus nachgewiesen und von Luther, Calvin und späteren reformatorischen Autoren übernommen. In der Brüderbewegung schlossen sich J.N. Darby, W. Kelly, F.W. Grant, H. Rossier und R. Brockhaus diesem Standpunkt an."[34]

Biblische Wahrheiten

3.1 Unauflösbarkeit des Ehebundes zu Lebzeiten des Ehepartners

Röm.7,2 + 3: „Die verheiratete Frau ist durchs Gesetz an den Mann gebunden (deo), solange er lebt. Wenn aber der Mann gestorben ist, so ist sie losgemacht von dem Gesetz des Mannes. So wird sie nun, während der

Mann lebt, eine Ehebrecherin genannt, wenn sie eines anderen Mannes wird (sich wiederverheiratet). Wenn aber der Mann gestorben ist, ist sie frei (eleuthera) vom Gesetz, so daß sie keine Ehebrecherin ist, wenn sie eines anderen Mannes wird."

1.Kor.7,39: „Eine Frau ist gebunden (deo), solange ihr Mann lebt; wenn aber der Mann entschlafen ist, so ist sie frei (eleuthera), sich zu verheiraten, an wen sie will, nur im Herrn muß es geschehen."

„a) Diese Verse sprechen von ‚leben' und ‚sterben', um als unumstößlichen Grundsatz anzugeben, daß die Ehe weiterbesteht, solange beide Partner leben.

b) Gott sieht die Ehe als eine Bundes- und Vertragsbeziehung an. Sie ist eine Partnerschaft - eine freiwillige Übereinkunft, welche die beiden Vertragspartner in einer dauerhaften Beziehung vor Gott zusammenbindet.
Das Tätigkeitswort ‚deo' bedeutet ‚binden'(durch Gesetz oder Verpflichtung ist man an eine Person gebunden). Es gibt also ein unverbrüchliches Band zwischen zwei verheirateten Menschen.

c) Wenn eine verheiratete Frau Gemeinschaft mit einem anderen als ihrem eigenen Mann hat, ist sie eine Ehebrecherin. Hier ist keine Rede davon, daß durch diesen Ehebruch die Ehe zerbrochen wird. Sie ist eine Ehebrecherin und nicht mehr. Die Ehe bleibt solange bestehen, wie beide Partner leben.

d) Hier wird nur ein Fall genannt, wo eine verheiratete Frau wieder einen anderen Mann heiraten darf, und das ist dann, wenn ihr erster Mann gestorben ist."[35]

Exkurs:

„Da die Ehe eine Schöpfungsordnung ist, gibt es grundsätzlich keinen Unterschied, ob wir es in der Seelsorge bezüglich Ehe und Ehescheidung mit Christen oder Nichtchristen zu tun haben.

Es besteht daher auch kein prinzipieller Unterschied, ob eine Ehescheidung vor oder nach dem Augenblick der Bekehrung eines oder beider Partner stattgefunden hat. Durch den Glauben an Jesus Christus kommt jemand in eine neue Beziehung zu Gott, doch dadurch verändern sich nicht die bestehenden Schöpfungsbeziehungen: Eltern bleiben Eltern, Kinder bleiben Kinder, Ehegatten bleiben Ehegatten."[36]

3.2 Grundsätzliches Scheidungsverbot gläubiger Ehepaare

1.Kor.7,10+11b: „Den Verheirateten aber gebiete nicht ich, sondern der Herr, daß eine Frau sich nicht vom Mann scheiden lassen (chorizo) soll ... - und daß ein Mann seine Frau nicht entlasse (aphiemi)."

Paulus spricht zuerst davon, daß Christen das Ehebündnis aufrecht erhalten sollen. Er nimmt Bezug auf die Lehre Jesu (Mk.10,9.11.12; Luk.16,18) und erklärt in gewiß nicht unklarer Weise, daß Verheiratete nicht die Scheidung suchen sollen. Zweimal bekräftigt er in dem Vers das Prinzip der Nicht-Scheidung.

3.3 Die biblischen Konsequenzen nach einer Scheidung

1.Kor.7,11a: „Wenn sie aber doch geschieden ist, so bleibe sie unverheiratet oder versöhne sich mit dem Mann."

„Wenn trotzdem eine Scheidung stattgefunden hat, stellt Paulus den Gläubigen zwei Optionen vor:
a) auf Dauer unverheiratet bleiben (die Gegenwartsform von ‚bleiben‘ betont die andauernde Bindung). Die Option des Ledigbleibens anerkennt, daß Wiederheirat mit einem anderen Partner im Ehebruch endet (Mark.10,1-12; Luk.16,18).

b) sich mit dem Partner versöhnen (die sprachliche Form des Aorist betont das Erreichen des Versöhnungsprozesses. Die spezielle Zeitform wird hier gewählt, um die Versöhnung vom Standpunkt des schon erreichten Ergebnisses zu betrachten). Die Option der Versöhnung anerkennt die Dauer der Ehe bis zum Tod."[37]

„Wenn auch eine dazu befähigte Obrigkeit die Ehe gelöst hat, bleibt sie doch vor Gott offensichtlich weiterbestehen, so daß man entweder - nach weltlichen Maßstäben - unverheiratet bleiben oder sich mit dem anderen versöhnen muß."[38]

3.4 Grundsätzliche Erhaltung der Ehe mit einem ungläubigen Partner

1.Kor.7,12-14: „Den übrigen aber sage ich, nicht der Herr: Wenn ein Bruder eine ungläubige Frau hat und sie willigt ein, bei ihm zu wohnen, so entlasse er sie nicht. Und eine Frau, die einen ungläubigen Mann hat, und er willigt ein, bei ihr zu wohnen, entlasse den Mann nicht. Denn der ungläubige Mann ist durch die Frau geheiligt und die ungläubige Frau ist durch den Bruder geheiligt; sonst wären ja eure Kinder unrein, nun aber sind sie heilig."

„Das Prinzip der Nicht-Scheidung wird in den Versen 10-13 bereits viermal dargelegt. Ein Christ, so sagt Paulus, sollte mit dem ungläubigen Partner so lange zusammenleben, wie der ungläubige Partner zustimmt. Für den Erhalt der Ehe mit dem ungläubigen Partner werden drei Gründe angeführt:

a) wegen der Familie (Vers 14)
b) um des Friedens willen (Vers 15)
c) wegen des persönlichen Zeugnisses (Vers 16)

Die Gegenwart eines Gläubigen im Haus heiligt dieses und gewährt einen christlichen Einfluß, den es sonst nicht haben würde. Das Zeugnis des Gläubigen kann von Gott dazu benutzt werden, die Kinder und den ungläubigen Partner zu Christus zu führen."[39]

3.5 Scheidungsmöglichkeit des ungläubigen Partners

1.Kor.7,15+16: „Wenn aber der Ungläubige sich scheidet, so scheide er sich. Der Bruder oder die Schwester ist in solchen Fällen nicht geknechtet (douloo). Zum Frieden hat uns Gott doch berufen. Denn was weißt du Frau, ob du den Mann retten wirst? Oder was weißt du Mann, ob du die Frau erretten wirst?"

„Im Fall des Zusammenbleibens wird ganz klar die Aussicht auf Errettung des ungläubigen Partners geboten. Doch wenn der Ungläubige nicht länger bei dem gläubigen Partner bleiben will, dann kann letzterer sich darein fügen, daß der andere eine Ehescheidung zustande bringt. Der Bruder oder die Schwester ist in solchen Fällen ‚nicht gebunden‘. Das Wort ‚gebunden‘ darf nicht mit dem Wort ‚gebunden‘ in Röm.7,2 und 1.Kor.7,39 verwechselt werden, das Bezug auf das Weiterbestehen der Ehe hat, solange beide Ehepartner leben. Dort steht die Grundform des Wortes ‚deo‘, doch in 1.Kor.7,15 ist es ‚douloo‘, das wörtlich bedeutet ‚zum Sklaven machen, unterwerfen‘. ‚Nicht gebunden‘ bedeutet also hier keineswegs ‚nicht (mehr) durch die Ehe an den anderen gebunden zu sein‘, sondern ‚nicht als Sklave unterworfen, nicht sklavisch gebunden zu sein‘. Das unterstreicht klar die Bedeutung dieses Wortes: der Gläubige braucht dem ungläubigen Partner nicht sklavisch nach zu laufen, wenn dieser ihn verlassen will. Er oder sie braucht sich nicht moralisch verpflichtet zu fühlen, koste es, was es wolle, bei dem anderen zu bleiben.“[40]

Der Gläubige ist in diesem Fall einfach frei, in eine Ehescheidung einzuwilligen. „Er ist nicht länger an die Ehe mit dem Ungläubigen gebunden, doch ist er immer noch an das Gesetz Gottes gebunden. Es ist demnach in dem ganzen Textzusammenhang nichts vorhanden, was auch nur in etwa den Gedanken unterstützen könnte, als bedeutete das Gesagte ‚frei sein, um wieder zu heiraten‘. Im Gegenteil, Wiederheirat wird in Vers 11 ganz klar verboten. Die Freiheit eines verlassenen Gläubigen schließt die Freiheit zur Wiederheirat nicht ein.“[41]

3.6 Biblische Anweisungen für unverheiratete Personen

1. Kor.7,25-28: „Über die Jungfrauen habe ich aber kein Gebot des Herrn; ich gebe aber eine Meinung als einer, der vom Herrn die Barmherzigkeit empfangen hat, vertrauenswürdig zu sein. Ich meine nun, daß dies um der gegenwärtigen Not willen gut ist, daß es für einen Menschen gut ist, so zu sein. Bist du an eine Frau gebunden, so suche nicht los zu werden; bist du frei (eulutos) von einer Frau, so suche keine Frau. Wenn du aber doch heiratest, so sündigst du nicht; und wenn die Jungfrau heiratet, so sündigt sie nicht ...“

„Eigentlich muß man den Zusammenhang bis Vers 39 betrachten. Paulus antwortet auf eine Frage, die Jungfrauen betrifft. Sein wichtigster Punkt ist, daß Ehelosigkeit erwünscht, aber nicht verlangt wird. Er betont, daß es keine Sünde ist, zu heiraten, daß eine Eheschließung jedoch größere Verantwortung und möglicherweise Schwierigkeiten im Leben nach sich ziehen kann. Daher schließt er, daß es am besten ist, in dem Familienstand zu bleiben, in dem man sich eben befindet. Deswegen soll derjenige, der in die Ehe eingetreten ist, keine ‚Entbindung‘ aus dieser Ehe begehren und der Ehelose nicht die Ehe suchen.

Die Aussage ‚Bist du frei von einer Frau‘ bedarf der weiteren Erklärung. Die sprachliche Form des Perfekt (vollendete Gegenwart) ‚frei sein‘ bezieht sich nicht auf Freiheit, sondern eher auf den Zustand eines Menschen ohne eheliche Bindung. Walter Bauer zitiert im Wörterbuch zum Neuen Testament den Stoiker Epiktet (Seite 956): ‚Wer keine Familie gründet ist einfach ‚frei‘- eulytos.‘“[42]

Für mich persönlich war beim Studium dieses Themas auch die Feststellung interessant, daß Gott für das Wort „frei“, das nach dem Tod des Ehegefährten eine erneute Heirat ermöglicht (Röm.7,2+3; 1.Kor.7,39), den griechischen Begriff „eleuthera“, einsetzt, während er in 1.Kor.7,27 für das Wort „frei“ „lelysai“ verwendet.

Die griechischen Begriffe für „frei von etwas“ decken sich also nicht mit den Begriffen, die für „frei zu etwas“ stehen.

„Paulus adressiert seine Erklärung in den Versen 25-35 also an unverheiratete Personen. Das Argument, der Apostel rede hier der Wiederheirat von Geschiedenen das Wort, und das dies getan werden könne, ohne daß man dabei sündige, bedeutet nichts anderes, als den Zusammenhang zu umgehen und der klaren Lehre des Paulus an anderer Stelle zu widersprechen.“[43]

3.7 Das Scheidungsverbot im Markus- und Lukasevangelium

Mk.10,11+12: „Wer seine Frau entläßt und eine andere heiratet, begeht Ehebruch gegen sie. Und wenn sie ihren Mann entläßt und einen anderen heiratet, begeht sie Ehebruch.“

Luk.16,18: „Jeder, der seine Frau entläßt und eine andere heiratet, begeht Ehebruch; und jeder, der die von einem Mann Entlassene heiratet, begeht Ehebruch."

„Der Herr Jesus lehrt in Mk.10,1-12, daß Ehe unauflöslich ist:
a) durch die göttliche Einrichtung (Mk.10,6)
b) durch die Stärke des Verhältnisses selbst (Mk.10,7)
c) durch das ‚Ein-Fleisch-Sein' der Ehepartner (Mk.10,8)
d) durch die ausdrückliche Anordnung Gottes (Mk.10,9)
e) durch die schlimmen Folgen, die sich aus Scheidung und Wiederheirat ergeben (Mk.10,11-12).

Die Lehre Jesu in Mk.10,11-12 und Luk.16,18 bedeutet deswegen unmißverständlich, daß Scheidung und Wiederheirat des Ehemannes oder der Ehefrau ganz klar Ehebruch darstellen. Es gab keine Ausnahme, die Markus nie- • derschrieb, als er das Evangelium für die Römer abfaßte. Das gleiche gilt für Lukas, der sein Evangelium an griechische Heiden adressierte .

Es war also eine strenge Sicht der Scheidung und Wiederheirat, die der Herr Jesus lehrte. Sie widersprach sowohl den liberalen wie den konservativen jüdischen Theologen seiner Zeit. Jesus Christus hielt daran fest, daß es allein Gott zusteht, und er allein befugt ist, Anfang und Ende einer Ehe zu bestimmen. Die Ehe ist nicht nur ein bürgerlicher Akt, sondern eine göttlich verordnete Einrichtung. ‚Was Gott zusammenfügt, soll der Mensch nicht scheiden' (Mk.10,9) gilt so lange, bis die Ehe durch den Tod eines Partners ihr Ende findet."[44]

3.8 Scheidungserlaubnis und Wiederheiratsverbot im Matthäusevangelium

Mt.5,32: „Ich aber sage euch: Wer seine Frau entlassen wird, außer aufgrund von Hurerei (porneia), macht, daß sie Ehebruch begeht; und wer eine Entlassene heiratet, begeht Ehebruch."

Mt.19,9: „Wer immer seine Frau entlassen wird, außer wegen Hurerei (porneia), und eine andere heiraten wird, begeht Ehebruch; und wer eine Entlassene heiratet, begeht Ehebruch."

„Für eine korrekte Auslegung der Ausnahmeklauseln ist es notwendig zu wissen, daß das Matthäusevangelium in einzigartiger und durchgängiger Weise jüdisch orientiert ist. Wahrscheinlich um das Jahr 50 n. Chr. geschrieben, sollte das Matthäusevangelium den Juden zeigen, daß Jesus von Nazareth der verheißene Messias des Alten Testamentes war.

Markus vermerkt die Möglichkeit der Entlassung eines Mannes durch eine Frau. Während der Herr Jesus diese Wahrheit klar lehrte, hat Matthäus sie in seinem Evangelium nicht berichtet, da es an Juden gerichtet war. Das jüdische Gesetz gestattete einer Frau nicht, ihren Mann zu entlassen. Daran erkennt man deutlich, daß jeder Evangeliumschreiber auswählte und nur das berichtete, was lehrmäßig seinem besonderen Auftrag und der jeweiligen Adressatengruppe entsprach."[45]

Die Bedeutung des Wortes - porneia - (Hurerei) wird die entscheidende Frage sein, welche die Lehre des Herrn Jesus über die Scheidungserlaubnis aufhellen muß.

„Das Wort ‚porneia' bezieht sich grundsätzlich auf ungesetzlichen sexuellen Verkehr, sexuelle Verirrungen, z.B. die Homosexualität und blutschänderische Beziehungen."[46] Die Ausnahmeregelung darf demnach nicht auf „Ehebruch" eng geführt werden, wie es viele Ausleger tun. Sonst würde an der Stelle der Begriff „moichea" stehen (Joh.8,3).

Was ist nun aber die genaue Bedeutung „außer auf Grund von Hurerei"? Sie mußte dem damaligen jüdischen Leser vom Alten Testament her verständlich gewesen sein.

Es gibt zwei Auslegungsmöglichkeiten, die den jüdischen Kontext berücksichtigen:

a) Blutschänderische Ehe

„Die erste Auslegungsmöglichkeit, die den jüdischen Kontext berücksichtigt, bezieht die Ausnahmeklausel auf eine Ehe innerhalb der verbotenen Verhältnisse nach 3.Mo.18,6-18. Dort finden wir Gottes Anordnung, daß die Ehe mit einem nahen Verwandten verboten war. Der wiederholt verwendete Ausdruck ‚die Blöße aufdecken' ist ein hebräischer, verhüllender Ausdruck für geschlechtlichen Umgang (vgl.5.Mo.22,30) und bezieht sich hier offensichtlich auf die Ehe (3.Mo.18,18). Entsprechend dieser Deutung des Ausnahmesatzes sollte derjenige, der unter Mißachtung des jüdischen Gesetzes einen nahen Verwandten geheiratet hatte, die Aufhebung dieser Ehe betreiben; für alle anderen Fälle war Scheidung nicht erlaubt."[47]

„Diese Deutung wird durch den Jerusalemer Apostelkonzilsbeschluß in Apg.15,20+29 bekräftigt. Bestimmte Praktiken wurden dort wegen der offensichtlichen Beleidigung der Juden verboten (Apg.15,29: ‚Euch zu enthalten von Götzenopfern (3.Mo.17,8-9) und von Blut (3.Mo.17,10-12) und von Ersticktem (3.Mo.17,13+14) und von Unzucht (3.Mo.18,6-18)').

Wenn man den Zusammenhang von Apg.15,29 betrachtet und ihn mit 3.Mo.17-18 vergleicht, zeigt sich deutlich, daß sich die erstgenannte Stelle auf die untersagten Eheverhältnisse aus 3.Mo.18,6-18 bezieht.

Entsprechend dieser Deutung war die Frage ‚Scheidung wegen Unzucht' ein Problem, das zunächst die Juden anging, die mit dem Gesetz des Alten Testamentes vertraut waren und deswegen nur im Matthäusevangelium behandelt wurde."[48]

Beispiele für blutschänderische Ehen

„- **Matth.14,3+4**: ‚Denn Herodes hatte Johannes ergriffen, ihn gebunden und ihn ins Gefängnis gesetzt um der Herodias willen, der Frau seines Bruders Philippus. Denn Johannes hatte ihm gesagt: Es ist dir nicht erlaubt, sie zu haben.' Welches jüdische Gesetz hatte Herodes Antipas verletzt? 3.Mose 18,6 befiehlt:
‚Die Blöße des Weibes deines Bruders sollst du nicht aufdecken; es ist die Blöße deines Bruders.' Johannes der Täufer verurteilte Herodes Antipas nicht nur, weil er seine Frau entlassen hatte, sondern auch dafür, daß er eine andere Frau unter Verletzung der Anordnungen in 3.Mo.18,16 und 20,21 geheiratet hatte.
- Im ersten Jahrhundert waren blutschänderische Ehen unter den politischen Führern sehr beliebt. Archelaus, der in Judäa von 4 v.Chr. bis 6 n.Chr. regierte, trat ebenfalls in eine solche Ehe ein, als er sich von seiner Frau scheiden ließ und Glapphyra, die frühere Frau seines Halb-

bruders Alexander, ehelichte. Herodes Agrippa II. (50-100 n. Chr.) war, wie man annimmt, in eine blutschänderische Ehebeziehung mit seiner Schwester Bernice getreten."[49]

Da diese Auslegung in der heutigen Christenheit kaum Akzeptanz findet, zitiere ich ein Statement von Pastor Dr. Joachim Cochlovius:

„Die Ehe als lebenslange Gemeinschaft von Mann und Frau ist eine gute Stiftung Gottes. Um die Ehe zu schützen, verbietet Jesus ihre Scheidung (Mt.19,6). In Mt.5,32 und 19,9 (Ausnahmeklausel) hat Luther in Anlehnung an den Humanisten Erasmus von Rotterdam falsch übersetzt. Im Urtext ist nicht von Ehebruch die Rede sondern von Unzucht. Dieser Begriff, der auch in Apostelgeschichte 15,20 verwendet wird, ist von 3.Mo.18,6 her zu verstehen. Das bedeutet, Jesus läßt die Ehescheidung nur bei einer nach dem jüdischen Gesetz unerlaubten Blutsverwandtschaftsehe (so also ist hier Unzucht zu verstehen) zu. Bei allen anderen Verfehlungen gilt für uns Christen das Gebot der Vergebung und Versöhnung. Natürlich muß bei Gewaltanwendung und unmittelbarer Gefahr für Leib und Seele, auch gerade der Kinder, oft zu einer - vorübergehenden - Trennung geraten werden. Wir haben in 15 Jahren intensiver Eheseelsorgearbeit noch keinem Ehepaar zur Scheidung geraten, und viele waren uns im nachhinein dankbar."[50]

b) Unzucht vor der Ehe

„Bei der zweiten Auslegungsmöglichkeit bezieht sich der Herr Jesus wahrscheinlich auf 5.Mo.24,1-4 und übersetzt das Wort ‚das Schamwürdige‘ mit dem Wort ‚Unzucht‘. Der Ehemann durfte einen Scheidebrief schreiben, wenn er nach der Eheschließung (‚Wenn ein Mann eine Frau nimmt, und sie heiratet‘), ‚... etwas Anstößiges an seiner Frau gefunden hat‘ (Vers 1).
In 5.Mo.22,13ff wird von einem Ehemann berichtet, der nach der Eheschließung feststellt, daß seine Frau zum Zeitpunkt der Heirat keine Jungfrau mehr war. Wenn der Mann auf die Anklage verzichtete (auf Ehebruch und sonstige unsittliche Betätigung war vom Gesetz des Alten Testaments Steinigung befohlen (3.Mo.18+20; 5.Mo.22,22), durfte er seine Frau entlassen. Der legitime Scheidungsgrund lautete demnach: ‚Unzucht vor der Ehe‘.

Ein wichtiger Beleg, der diese Auslegung unterstützt, ist der Bericht von Maria und Joseph, der ebenfalls im Matthäusevangelium steht (Mt.1,18f)."[51]

Es leuchtet ein, daß dieser Scheidungsgrund auf Heidenchristen damals und heute nicht übertragbar ist, und diese Ausnahmeklausel deswegen in Mk.10,11+12 und Luk.16,18 nicht behandelt wird.
(Jürgen Kuberski hat diese Auslegung einige Jahre nach seinen Veröffentlichungen revidiert. Da sie mir jedoch gerade im Kontext des Matthäusevangeliums durchaus plausibel erscheint, behalte ich seine frühere Erkenntnis als mögliche Sichtweise bei.)

Die verschiedenen Auslegungsmöglichkeiten zeigen, daß sich der Grund für die Scheidungserlaubnis, die Jesus Christus dem jüdischen Volk aufgrund von „porneia" einräumt, nicht eindeutig erkennen läßt. Doch letztlich enthalten auch die Matthäusstellen eine Warnung vor der Scheidungsinitiative eines jüdischen Mannes. Wenn sich nämlich ein Jude von seiner Frau scheiden ließ, brachte der Betreffende die Entlasssene unweigerlich in die Notlage, wieder zu heiraten („... macht, daß sie Ehebruch begeht ..."), da ihre Lebensversorgung sonst nicht gewährleistet war.
Demnach beinhaltet die Ausnahmeklausel bezüglich Scheidung auf keinen Fall die Erlaubnis zur Wiederheirat. Es bleibt somit unwiderlegbare Tatsache, daß eine Wiederheirat aus Gottes Sicht zum Ehebruch führt.

3.9 Argumente gegen die Befürworter einer Wiederheirat

a) Es gibt Vertreter der Wiederheiratserlaubnis, die mit der Vergebung der Schuld gleichzeitig auch die Folgen der Schuld aufheben.
Eine geschiedene Person bleibt aber aus der Sicht der Bibel ein Geschiedener bzw. eine Geschiedene (1.Kor.7,11a). Die Bibel erwähnt auch die Konsequenzen einer Scheidung. Einem geschiedenen Bruder bleibt z.B. das Ältestenamt verwehrt (1.Tim.3,2).

b) Röm.7,2-3 und 1.Kor.7,39 werden bei der Auslegung zu wenig berücksichtigt. Das Recht auf Wiederheirat bleibt in diesen Schriftstellen nur den verwitweten Gläubigen vorbehalten.

c) 1.Kor.7,27+28 wird meist nicht im Kontext des Schriftabschnittes interpretiert. Hier handelt es sich um die Heiratserlaubnis lediger Christen. Gott stimmt in diesen Versen einer Eheschließung trotz eventuell zu erwartender Verfolgung zu.

d) Die gesamte Theologie der Wiederheiratserlaubnis stützt sich oft auf das umstrittene Wort „douloo" (nicht sklavisch gebunden) in 1.Kor.7,15. Diese Aussage tritt dann in Kraft, wenn der Ungläubige die Scheidung einreicht.
Die Auflösung einer Ehebindung unter den hier erwähnten Bedingungen ist kein Freibrief zur Wiederheirat. Eine solche Auslegung widerspricht allen Aussagen Jesu in den Evangelien. Denn dort wird Wiederheirat ausnahmslos als Ehebruch bezeichnet. Die Schrift läßt nach meinem Dafürhalten keine andere Deutung zu.

e) Die Scheidungserlaubnis im Volk Israel wird von manchen Auslegern ohne Bedenken auf den neuen heilsgeschichtlichen Abschnitt der Gemeinde übertragen. Jesus Christus spricht aber eindeutig von neuen Bedingungen in einem neu begonnenen Bund (Mt.5,31+32: „... Ich aber sage euch ...").

f) Das göttliche Handeln bei der Eheschließung (Mt.19,6: „Was Gott zusammengefügt hat ...") wird von einzelnen Befürwortern der Wiederheirat unterbewertet. Man behauptet, daß ein Bund einseitig gebrochen und gelöst werden kann (1.Mo.17,14).
Der Ehebund wird jedoch in Eph.5,23-32 mit dem Verhältnis von Christus und der Gemeinde verglichen (neuer Bund) und hat somit den Charakter der Unauflösbarkeit. Menschliche Bünde lassen sich leicht aufheben und durch neue ersetzen, göttliche jedoch nicht. (Auf diesem Wissen beruht übrigens auch die Heilsgewißheit der Gläubigen - Joh.10,28-30).

g) Es wird auch die Ansicht vertreten, daß eine „unschuldig" geschiedene Person wieder heiraten könne. Jesus Christus behandelt das Problem in einer viel tieferen Weise, wenn er sagt:
„Wer eine Entlassene heiratet, begeht Ehebruch" (Mt.5,32, Mt.19,9, Mk.10,11+12; Lk.16,18). Aus Gottes Sicht begeht nicht nur der ge-

schiedene Teil Ehebruch, wenn er wieder heiratet. Diese Schuld lädt sogar die Person auf sich, die mit einer(m) Geschiedenen einen Ehebund eingeht. Damit läßt sich eindeutig belegen, daß eine neue Ehe auch eines oder einer „schuldlos" Geschiedenen Ehebruch ist.

Stephan Holthaus (Dozent für Historische Theologie an der Freien Theologischen Akademie in Gießen) drückt sich in einem Vortrag über „Ethische Trends in Landeskirchen und Freikirchen" folgendermaßen aus: „Es mutet schon abenteuerlich an, mit welchen exegetischen Tricks versucht wird, den Geboten der Schrift auszuweichen oder den Text der Schrift umzudeuten. Das Gebot Gottes, das die Scheidung nur in einem ganz eingeschränkten Fall vorsieht und die Wiederheirat praktisch vollständig verbietet, wird unter pragmatischem Aspekt fromm verkleidet außer Kraft gesetzt."[52]

3.10 Zusammenfassung der Lehraussagen

„a) Gottes ursprünglicher guter Plan für eine Ehe sieht eine lebenslange Treueverbindung für Mann und Frau vor (1.Mo.2,23-24; 5,2). Es ist nicht sein Wunsch, daß geschieden wird (Matth.19,6; Mk.10,9).

b) Gott haßt Scheidung, weil sie die Verletzung eines Bundesvertrages ist und seinem ursprünglichen Eheplan widerspricht (Mal.2,14-16; 1.Mo.2,24). Der Grund, warum Gott im Alten Testament Scheidung duldet, liegt nach der Erklärung des Herrn Jesus in der Herzenshärtigkeit des Menschen, die sich gegen Gottes Willen und sein Wort richtet (Matth.19,8; Mk.10,5).

c) Sowohl der Herr Jesus als auch der Apostel Paulus lehren den Grundsatz der Nichtscheidung (Mt.5,31-32;19,1-12; Mk.10,1-12; Lk.16,18; 1.Kor.7,10-16).
Die Ausnahmen für eine Scheidung haben jüdischen Hintergrund:
- Ehen innerhalb der Verwandtschaft bestimmten Grades (3.Mo.18,6-18)
- ‚Unzucht vor der Ehe' (5.Mo.22,13ff).

d) Im Fall der Scheidung stehen für die Geschiedenen nur zwei Möglichkeiten offen:
- dauerhaft unverheiratet zu bleiben oder
- sich mit dem Partner zu versöhnen (1.Kor.7,11).

e) Da der Tod die Ehebande löst (Röm.7,2-3; 1.Kor.7,39), ist Wiederheirat erlaubt, wenn die Ehe mit einem anderen Gläubigen geschlossen wird (1.Kor.7,39; 1.Tim.5,14). Wiederheirat Geschiedener führt zum Ehebruch (Mk.10,11; Luk.16,18)."[53]

Biblische Beratung

„a) Ohne Sünde in irgendeiner Form kommt es nicht zur Scheidung.

b) Das Ziel der Seelsorge in einer zerrütteten Ehe ist nicht die Scheidung, sondern die Beseitigung der Ursache (der Schuld). Es gibt wohl kaum einen unschuldigen Partner.

c) Es geht in erster Linie nicht darum, nach Gründen für eine Scheidung zu suchen, sondern darum, die Scheidung zu verhindern.

d) Eine Wiederherstellung der Ehe ist nicht durch Wiederheirat, sondern nur durch die Versöhnung der beiden geschiedenen Partner möglich.

e) Es gibt für jedes Vergehen Vergebung, aber die Folgen der Schuld sind zu tragen."[54]

f) Für Menschen, die in zweiter Ehe zum Glauben kommen, gilt das biblische Prinzip aus 1.Kor.7,24: „Worin jeder berufen worden ist, darin soll er vor Gott bleiben". Diese Anordnung beugt einem mystischen Eheverständnis vor (z.B. kein Geschlechtsverkehr in der zweiten Ehe, etc.).

An dieser Stelle wird das Leiden um der Wahrheit willen für den Seelsorger ganz konkret. Vielen wird dieser Standpunkt nämlich unbarmherzig und lieblos erscheinen. Sie werden einwenden, daß sie sich nicht vorstellen können, daß Gott einen Gläubigen zu lebenslangem Unverheiratetbleiben „verurteilt". Stellt man sich vor, daß Kinder im Spiel sind, die einen Vater sehr nötig haben; ist es dann nicht grausam, der Mutter zu „verbieten", wieder zu heiraten? Ich selbst habe beim Prüfen vieler Schriftausleger zu diesem Thema schon oft gewünscht, eine „barmherzigere" Lösung zu finden. Doch, wer so argumentiert, vergißt etwas:

„a) Wie steht es denn mit den vielen Unverheirateten, die sehr gern verheiratet wären, doch niemals einen Mann bzw. eine Frau gefunden haben? Sind sie auch von Gott ‚verurteilt'?

b) Wie steht es mit den Witwen, die mit einer großen Familie zurückbleiben und dadurch bestimmt keine ‚gute Partie‘ sind? Sind sie von Gott ‚verurteilt‘?

c) Wie steht es mit den Lebensumständen (Familiensituation, Krankheit, Behinderung), die eventuell eine Eheschließung unmöglich machen (Mt. 19,12)? Ist Gott dann mit diesen Menschen unbarmherzig?

d) Gibt 1. Korinther 7 für diese Situation nicht auch berechtigte Hoffnung, daß der geschiedene Partner zum Glauben kommen kann und sich wieder versöhnen will?

e) Argumentieren Christen nicht allzu leicht wie die Menschen dieser Welt, die einfach handeln, wie es ihnen in den Sinn kommt? Sind Gläubige berufen, bei jedem Problem die einfachste Lösung zu wählen oder dem Wort Gottes zu folgen?

f) Kommt es hier nicht zu allererst auf einen einfältigen Gehorsam gegenüber der Schrift an? Geht es im Leben eines Christen darum, dem ‚Glück‘ nachzujagen, dazu noch nach den eigenen Maßstäben über ‚Glück‘, oder geht es darum, der Gerechtigkeit nachzujagen?"[55]

In der Seelsorge dürfen die göttlichen Gebote nicht abgeschwächt werden. Gottes Gebote sind gut und hilfreich für den Menschen. Ausgangspunkt der Seelsorge darf auch hier nicht fleischliche Weisheit und menschliches Mitgefühl, sondern allein Gottes Wort sein. Das Gewissen des Seelsorgers muß deswegen gerade bei diesem Thema ganz besonders an die eindeutigen Aussagen der Schrift gebunden sein (2. Kor. 1,12: „Denn unser Rühmen ist dies: das Zeugnis unseres Gewissens, daß wir in Einfalt und Lauterkeit Gottes, nicht in fleischlicher Weisheit, sondern in der Gnade Gottes gewandelt sind in dieser Welt ..."; vgl. auch Apg. 24,16;). Biblische Barmherzigkeit zu praktizieren, bedeutet für Christen in dem Fall, Verlassenen und Geschiedenen innerhalb der Gemeinde, soweit wie möglich die Familie zu ersetzen (Gal. 6,2).

Kernsätze

Biblisches Prinzip:
Gott schützt den Ehebund. Scheidung ist nicht nach Gottes ursprünglichem Willen. Wiederheirat bedeutet Ehebruch.
Biblischer Rat:
Aufrechterhaltung der Ehe bis zum Tod.

Fallbeispiel 1

Große, jahrelange Ehenot. Markus wird zum Trinker. Eleonore leidet psychisch sehr darunter. Ohne Worte versucht sie, ihrem Mann mit tätiger Liebe das Evangelium vorzuleben. In notvollen Ehetagen macht ihr ein Seelsorger immer wieder Mut, die auferlegte Bürde mit Jesus zu tragen und in ihrem Mann einen von Gott geliebten Menschen zu sehen. Aus Liebe zur Wahrheit rät er ihr, vor den Nöten nicht davonzulaufen, sondern im Willen Gottes zu bleiben, sprich: in der Ehe auszuharren.

Eleonores Vertrauen in Gottes Güte wird sechzehn Jahre auf die Probe gestellt. Trotzdem hält sie an ihrem Treuegelöbnis fest. Sie reift unter der Last und gewinnt dadurch eine tiefe, innige Beziehung zu ihrem Erlöser Jesus Christus.

Markus kommt mit Leberzirrhose ins Krankenhaus. Zweimal liegt er für einige Tage im Koma. In dieser schweren Krankheitszeit öffnet er sich für das Evangelium. Wieder entlassen, hört Markus täglich das Wort Gottes im Rundfunk und liest in der Bibel. Sein Verlangen nach Vergebung ist groß. Nach einigen Monaten harmonischen Miteinanders nimmt sein Leben ein schnelles Ende. Eleonore hat feste Gewißheit, daß ihr Mann beim Herrn ist. In ihren Augen hat sich das Durchhalten in schweren Ehezeiten gelohnt.

Fallbeispiel 2

Rosi, eine junge Frau, kommt verschüchtert zu uns in die Gemeinde. Ihre Geschichte: Nach längerer seelsorgerlicher Betreuung rät ihr ein gläubiger Eheberater zur Scheidung. Er tut es mit der inneren Überzeugung, daß Rosi ja wieder heiraten kann. Als sie zu uns kommt, hat sie die gerichtliche Trennung bereits zwei Jahre hinter sich. Sie wird mit dem Brandmal, geschieden zu sein, nicht fertig. Gerne würde sie den Schritt rückgängig machen, doch ihr Mann hat in der Zwischenzeit wieder geheiratet. Rosi wird als Geschiedene herzlich aufgenommen. Sie befreundet sich nach einiger Zeit mit einem gläubigen Mann aus einer anderen Stadt. Da in unserer Gemeinde eine Wiederheirat von der Bibel her nicht befürwortet wird, verläßt Rosi ihre neue geistliche Heimat.

Seelische Barmherzigkeit, die am Willen Gottes vorbeigeht, bringt letztlich dem Menschen mehr Nöte, als das Ausharren unter einer vom Herrn auferlegten Last.

Fallbeispiel 3

Birgit heiratet einen geschiedenen Mann. Nach einigen Ehejahren finden beide zum Glauben an Jesus Christus. In der Gemeinde wird das Thema „Scheidung und Wiederheirat" behandelt. Beide erhalten Einblick in Gottes Gedanken über die Unauflösbarkeit der Ehe. Birgit und Erich bereinigen danach ihre Vergangenheit vor Gott (Jes.53,6: „Wir alle irrten umher wie Schafe, wir wandten uns jeder auf seinen eigenen Weg; aber der Herr ließ ihn treffen unser aller Schuld."). Sie werden verbindliche Glieder und Mitarbeiter der Ortsgemeinde. Der Ältestendienst bleibt Erich jedoch aus zwei Gründen verwehrt (1.Tim.3,2):

a) „Der Aufseher muß untadelig sein", d.h. kein Lebensbereich darf Kritik auslösen oder einen Verletzungspunkt aufweisen. Er muß als Hirte einer Gemeinde untadelig in seinem Ruf sein.

b) Er muß „Mann einer Frau" sein; d.h. er darf nicht wiederverheiratet sein.

Fallbeispiel 4

„In einer Ehekrise komme ich zum lebendigen Glauben an Jesus Christus. Nach einjähriger Trennungszeit will sich Robert scheiden lassen. Als überzeugte Christin bin ich gegen Scheidung und plädiere für einen Neuanfang. Aus rechtlichen Gründen kann mein Mann die Scheidung erst nach drei Jahren einreichen. In dieser Zeit bin ich großen Spannungen ausgesetzt, denn ich weiß,

1. daß Robert die Scheidung will;

2. daß Gott die Ehe noch retten kann.

Obwohl mein Mann bereits eine neue Partnerin hat, lebe ich die Ehe mit allen Konsequenzen weiter. Ich bin offen für seine Rückkehr, praktiziere - so weit es geht - das biblische Prinzip der Unterordnung und gewähre das gemeinsame Sorgerecht für die Kinder. Gott belohnt diesen Gehorsam und macht mich am Tag der Scheidung, die ich nach 1.Kor.7,15 respektiere, ganz ruhig.

Ich habe mich entschlossen, auch in bezug auf Wiederheirat, Gottes Wort zu gehorchen. Es ist mir bewußt, daß ich mit meinen beiden Töchtern keinen leichten Weg vor mir habe. Aber es ist gut zu wissen, daß der Herr einen guten Plan hat und uns alles zum Besten dient (Röm.8,28)."

Jutta ist in der Zwischenzeit eine eifrige Jüngerin Jesu geworden. Sie hält Kinderstunden, Frauenfrühstückstreffen und hat ein offenes Haus für ratsuchende und hilfsbedürftige Menschen.

Fallbeispiel 5

„Es geht Schlag auf Schlag. Mit 18 lerne ich ihn kennen. Als ich 19 bin, verloben wir uns. Ich heirate mit 20 und bekomme mit 21 einen Sohn. Ein Vierteljahr später ist die Ehe kaputt und wird geschieden. Ich stehe das erste Mal auf eigenen Beinen - mit einem Säugling und voller Angst. Knapp vier Jahre später werde ich Christin. In der Gemeinde rät man mir, wieder zu heiraten; andere sagen, daß dies zu Lebzeiten des Mannes nicht in Frage käme - beide Positionen belegt man mit Bibelversen. An diesem Zwiespalt drohe ich zu zerbrechen. Mit einer Konkordanz schreibe ich mir alle Bibelstellen auf, die etwas über Scheidung aussagen. Als die Stellen so geballt vor mir stehen, kann ich meine Augen vor der Wahrheit nicht mehr verschließen. Ich soll nicht wieder heiraten. Ein halbes Jahr kämpfe ich, bis ich für mich die Entscheidung treffe, keine neue Ehe einzugehen. Ausschlaggebend ist Matth.5,32: ‚... wer eine Geschiedene heiratet, bricht die Ehe.‘ Würde ich jemanden, den ich liebe, wissentlich zum Ehebrecher machen? Das kann nicht mein Weg sein. Mit dieser Entscheidung hört der Zwiespalt auf. Mittlerweile lebe ich seit über 15 Jahren ohne Mann, davon gut acht Jahre aus Überzeugung. Es ist nicht immer leicht. Aber letztlich kann es im Ungehorsam gegenüber Gottes Wort kein Glück geben. Heute bin ich glücklich, auch ohne Mann. Und ich bin nach allen Erfahrungen in den vergangenen Jahren mehr denn je überzeugt, daß diese Entscheidung richtig gewesen ist."[56]

Fallbeispiel 6

„Jakob hat die Wohnung verlassen, um mit einer anderen Frau, einer Kollegin, zusammenzuwohnen. Zurück bleiben seine Frau Lisbeth und seine drei kleinen Kinder. Gespräche mit Lisbeth sind möglich, doch Jakob ist nicht zu erreichen, außer über seinen Rechtsanwalt. Die Scheidung wird vollzogen. Doch einige Wochen nach dem Richterspruch nimmt Jakob selbst Kontakt mit dem Sozialarbeiter auf, der auch Lisbeth begleitet hat. Nun sind sie nach vielen Gesprächen wieder beisammen und glücklich, wenngleich noch nicht alle Probleme aus der Welt geschafft sind."[57]

Fallbeispiel 7

„Annette kommt zum Glauben, während Dirk, ihr Mann, nichts davon wissen will. Der christliche Glaube wird schon bald zum Streitpunkt in ihrer Ehe, wobei gesagt werden muß, daß Annette nicht immer taktvoll über ihren Glauben spricht. Der Streit nimmt derart zu, daß es schließlich zur Scheidung kommt. Doch nach gut einem Jahr geschieht das Wunder: Dirk kommt zum Glauben. Er heiratet Annette aufs neue, und die Familie wird auf glückliche Weise wieder vereint."[58]

Literaturempfehlung:
- J. Carl Laney: „... bis der Tod euch scheidet?", CMVB Bielefeld,1996.
- W. J. Ouweneel und H. P. Medema: „Trennung und Scheidung und Wiederheirat", Christliche Verlagsgesellschaft Dillenburg,1993.

4. Die biblische Stellung der Ehefrau

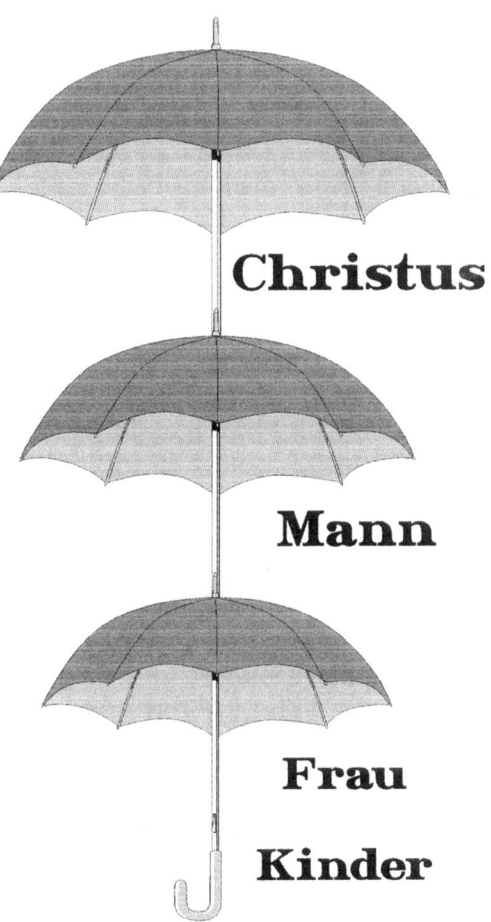

Christus

Mann

Frau

Kinder

4. DIE BIBLISCHE STELLUNG DER EHEFRAU

„Die Ehe, wie sie in der Bibel gelehrt wird, ist heute besonders im Blick auf die Rolle des Ehemannes und der Ehefrau vielen Angriffen ausgesetzt. Ein zeitgenössischer Schriftsteller fordert: ‚Die künstlich bestimmten Rollen von Mann und Frau müssen abgeschafft und ersetzt werden. Die starre, vom Mann bestimmte Ehestruktur, kann in der heutigen Welt nicht funktionieren. Die moderne Ehe erfordert Gleichheit.'

Mit solchen Auffassungen, die prägend für das Denken unserer Gesellschaft sind, sehen sich Christen konfrontiert. Die Emanzipatonsbewegung tut ihr übriges und macht es der christlichen Ehefrau sehr schwer, die biblischen Wahrheiten über ihre Stellung zu akzeptieren und nicht vom Zeitgeist mitgerissen zu werden.

Angesichts dieser Herausforderungen ist es notwendig, sich auf das Wort Gottes zu stützen. Der Schöpfer gibt klare und praktische Ausrichtung für die umstrittene Rolle der Frau."[59] Gott meint es auch in diesem Bereich sehr gut. Er kennt die schöpfungsbedingte Veranlagung der Frau. Er gibt ihr als dem „schwächeren Geschlecht", dem Wesen entsprechend, passende Ordnungen.

Biblische Wahrheiten

4.1 Die Bestimmung der Frau

1.Mo.2,18: „Es ist nicht gut, daß der Mensch allein sei; ich will ihm eine Hilfe machen, die ihm entspricht."

1.Kor.11,9: „Denn der Mann wurde auch nicht um der Frau willen geschaffen, sondern die Frau um des Mannes willen."

Spr.18,22: „Wer eine Frau gefunden, hat Gutes gefunden und hat Wohlgefallen erlangt von dem Herrn."

„Adam ist, wie Gott weiß und anerkennt (1.Mose 2,20), ergänzungsbedürftig. Damit er seinem Auftrag (bebauen und bewahren) völlig nachkommen kann, führt ihm Gott die aus seiner Rippe gebildete Frau zu. Sie ist für den Mann ‚die Entsprechung‘, ‚die Ergänzung‘. Gott kennt als Schöpfer das Herz, den Willen und die Gefühle seiner Geschöpfe. So ist der aus dem Staub der Erde erschaffene Mann von seiner Veranlagung her eher sachbezogen, die aus dem Mann gebildete Frau in ihrer Art eher personenbezogen. Daraus ergeben sich naturgemäß ihre von Gott zugewiesenen Aufgabenbereiche und selbstverständlich auch die Art und Weise ihres Denkens und Tuns. Und das sind nie untragbare Lasten, weder für den Mann noch für die Frau.“[60]

4.2. Die Bestimmung des Mannes

1.Tim.2,13: „Denn Adam wurde zuerst gebildet, danach Eva.“

1.Kor.11,3: „Ich will aber, daß ihr wißt, daß der Christus das Haupt eines jeden Mannes ist, das Haupt der Frau aber der Mann, des Christus Haupt aber Gott.“

Eph.5,23: „Denn der Mann ist das Haupt der Frau, wie auch der Christus das Haupt der Gemeinde ist, er als des Leibes Heiland.“

„Um Ordnung und damit Frieden in seiner Schöpfung und der Geschöpfe untereinander zu haben, mußte der Schöpfer gemäß der übertragenen Verantwortung eine Rangordnung festlegen. Adam wurde im Verhältnis zu Eva mit der Führungsrolle betraut, Eva im Verhältnis zu ihrem Mann mit einer nachrangigen Verantwortungsstellung.“[61]

Gott ordnete demnach für das Zusammenleben in der Ehe das Haupt-Sein dem Mann zu. Auf diese Weise gab er dem Ehemann die Stellung der Führung und Leitung.

Jay Adams beschreibt in seinem Buch „Christsein auch zu Hause“ die Leitungsfunktion des Mannes folgendermaßen:

Eph.5,25: „Ihr Männer, liebt eure Frauen, wie auch der Christus die Gemeinde geliebt und sich selbst für sie hingegeben hat.“

„Die Führung des Mannes soll hinsichtlich der Liebe der Herrschaft Jesu über seine Gemeinde entsprechen. Wie Christus mit dem Blick auf seine Gemeinde handelt, so muß der Mann bei allem, was er tut, an seine Frau denken. Er muß für sie sorgen. Er muß sie innig lieben, wie Christus seine Gemeinde liebt. Er hat die hohe Verpflichtung, das Wohl seiner Frau bei allen Entscheidungen in den Vordergrund zu stellen. Das heißt, er kann keine schwerwiegenden Entscheidungen treffen, ohne den Ehepartner um seine Meinung zu fragen. Er kann nicht mehr handeln, wie er gerade Lust hat. Umgekehrt muß er aber auch der Frau die Befugnis geben, Entscheidungen zu treffen und selbständig zu handeln. Ein tyrannisches oder willkürliches Herrschen ist ihm nicht gestattet.

Seine Frau führen heißt auch, ihre Fähigkeiten und Begabungen in vollem Umfang zur Entfaltung zu bringen. Als guter Vorsteher ist er in der Lage, Arbeiten zu delegieren. Er weiß, wo die Stärken seiner Frau liegen und wird sie zum Nutzen für sich, die Familie, die Gemeinde und darüber hinaus einsetzen. Führen heißt also zusammenfassend, seine Frau in selbstloser Hingabe zu lieben."[62]

4.3 Das Prinzip der Unterordnung

Eph.5,21: „Ordnet euch einander unter in der Furcht Christi."

Dieser Bibelvers führt im Epheserbrief den Grundgedanken der Unterordnung in zwischenmenschlichen Beziehungen ein. Die Anwendung des Prinzips erfolgt von Fall zu Fall:

a) die Ehefrauen unter die Ehemänner (Eph.5,24)
b) die Kinder unter die Eltern (Eph.6,1)
c) die Sklaven unter die Herren (Eph.6,5)

Auch an anderen Schriftstellen finden wir das Prinzip der Unterordnung:

d) die Gemeindeglieder unter die Ältesten (Hebr.13,7)
e) die Staatsbürger unter die Regierung (1.Petr.2,13+14)

Unterordnung ist demnach eine Lebenstatsache. Alle Menschen stehen unter irgendeiner Autorität. Die wahre Autorität hinter aller delegierten Autorität ist Christus.

„Unterordnung bedeutet nun, Gott oder der von ihm eingesetzten Autorität Gehorsam zu erweisen. Es handelt sich um eine innere Herzenseinstellung, für die ein besonderer Segen verheißen ist."[63] Unterordnung schließt das Vertrauen ein, daß Gott durch menschliche Leiter hindurch wirkt.

4.4 Die biblische Unterordnung der Frau

Gott legt jeder christlichen Ehefrau die Verantwortung auf, sich zu ihrem eigenen Besten und zu dem ihres Mannes, dem Ehemann, unterzuordnen.

4.4.1 Die Unterordnung der Frau im Kontext der Heiligen Schrift

1.Kor.11,3: „Ich will aber, daß ihr wißt, daß der Christus das Haupt eines jeden Mannes ist, das Haupt der Frau aber der Mann, des Christus Haupt aber Gott."

„Unterordnung heißt niemals, daß der sich Unterordnende weniger wert ist. Der Herr Jesus ordnet sich Gott, dem Vater, als seinem Haupt unter, doch ist er ganz gewiß nicht weniger wert als er. Genauso ist die Frau ebenso viel wert wie der Mann. Trotzdem wird sie ermutigt, sich ihrem eigenen Mann unterzuordnen.

Eph.5,24: ‚Wie nun die Gemeinde sich dem Christus unterordnet, so auch die Frauen den Männern in allem.'

Die Stellung der Frau wird mit der Stellung der Gemeinde gleichgesetzt. Nichts könnte die Rolle der Frau erhabener erscheinen lassen als der Vergleich mit der Gemeinde als Braut Christi. Die Unterordnung der Gemeinde hat Vorbildfunktion für die Frau. Wie die Gemeinde ein Haupt, einen Führer hat, der sie leitet und die letzte Autorität ist, so wird sich auch eine gläubige Ehefrau der Führung ihres Mannes in allen normalen Lebensangelegenheiten unterordnen."[64]

Kol.3,18: „Ihr Frauen, ordnet euch euren Männern unter, wie es sich im Herrn geziemt."

1.Petr.3,5: „So schmückten sich einst die heiligen Frauen, die ihre Hoffnung auf Gott setzten und sich ihren Männern unterordneten, wie Sara dem Abraham gehorchte und ihn Herr nannte."

Wenn sich die Frau der von Gott verliehenen Autorität des Mannes fügt, ordnet sie sich gleichzeitig der Autorität des Herrn unter. Das geschieht, indem sie den Herrn hinter ihrem Mann sieht. Sie erkennt, daß Gott sie durch ihren Mann leitet.

1.Petr.3,1+2: „Ebenso ihr Frauen, ordnet euch den eigenen Männern unter, damit sie, wenn auch einige dem Wort nicht gehorchen, ohne Wort durch den Wandel der Frauen gewonnen werden, indem sie euren in Furcht reinen Wandel angeschaut haben."

Das Prinzip der Unterordnung wird im Zusammenleben mit einem ungläubigen Ehemann nicht aufgehoben. Das beweist wiederum, daß die Ehe eine Schöpfungsordnung ist, in der für gläubige und ungläubige Ehepartner dieselben Regeln gelten.

4.4.2 Die Unterordnung der Frau im praktischen Vollzug

Daniel Herrmann, Gemeindegründer in Frankreich, schreibt mir dazu: „Ursula und ich besprechen die Sachen miteinander, beten darüber und machen uns gegenseitig Mut, das Ziel zu erreichen. Im gesamten bin ich als Mann die Autorität und der Soldat, der die Familie vor negativen Einflüssen der Gesellschaft bewahrt. In verschiedenen Einzelbereichen delegiere ich Autorität an meine Frau und übergebe ihr Verantwortung und Entscheidungsfreiheit. Dabei bin ich Ratgeber, wenn sie Rat nötig hat."
Ich persönlich verbinde das Prinzip der Unterordnung mit der Rolle als Gehilfin so: Grundsätzlich vertraue ich darauf, daß Gott meinen Mann einen guten Weg führt. Im Alltag äußere ich alle meine Gedanken zu einer Sache, seien es Bedenken oder Ermutigungen. Täglich beten wir zusammen für alle anfallenden Entscheidungen. In der Regel wartet mein Mann, bis wir uns bezüglich einer Handlungsweise einig sind. Müssen schnelle Entscheidungen getroffen werden und die Einigkeit fehlt, versichere ich meinem Mann die Unterordnung, unabhängig davon, wie seine Entschei-

dung ausfällt. Ich mache in meiner Ehe die Erfahrung, daß mir als Frau das Hineinwachsen in das biblische Rollenverständnis Geborgenheit gibt.

4.4.3 Die Grenzen der Unterordnung

Man darf von keiner gläubigen Frau erwarten, sich ihrem Mann unterzuordnen, wenn er von ihr verlangt, ihre Treue zum Herrn aufzugeben. Es wird auch Grenzbereiche geben, wo das Gebot der Unterordnung mit anderen Geboten kollidieren kann. Das muß im seelsorgerlichen Einzelfall geprüft und entschieden werden.

Apg.5,29: „Man muß Gott mehr gehorchen als den Menschen!"

Röm. 14,23b: „Alles aber, was nicht aus Glauben ist, ist Sünde."

Das biblische Beispiel von Sara zeigt, daß die Ehefrau ihrem Mann nicht allzu schnell die Unterordnung verweigern soll. Sara war Abraham sogar untertan, als er sie mit einer Halblüge dem Pharao überließ. Gott aber wachte über sie. Er ließ nicht zu, daß Sara Schaden nahm (1.Mo.12,10-20).

4.4 Die Hindernisse für eine biblische Unterordnung

1.Petr.5,6: „Demütigt euch unter die mächtige Hand Gottes, damit er euch erhöhe zur rechten Zeit."

„a) Es gibt heute Kräfte, welche die Frau beeinflussen und sie an der Entwicklung dieses schönen Charakterzugs hindern. Dazu gehört auch die Geisteshaltung der gefallenen Welt. Organisationen, die ‚Emanzipation‘ auf ihre Fahnen geschrieben haben, rufen die Frauen dazu auf, sich selbst zu behaupten. Die gläubige Frau braucht da innere Entschlossenheit, gottesfürchtig sein zu wollen und nicht auf den ‚Rat der Gottlosen‘ (Ps.1,1) zu hören.

b) Ein weiteres Hindernis ist das eigene Ich. Es liegt nicht in der Natur des Fleisches, sich irgend jemandem zu unterwerfen - auch nicht Gott. Der

Weg der Heiligung ist nun, sich in Selbstverleugnung dem Ratschluß Gottes zu unterwerfen."[65]

4.4.5 Die Auswirkungen mangelnder Unterordnung

Die Bibel gibt uns für mangelnde Unterordnung ein Negativbeispiel: Rebekka (1.Mose 27).

„Sie riß die Leiterschaft von Isaak an sich. Das hatte dramatische Auswirkungen:

a) auf sie selbst: Sie mußte ihren Lieblingssohn ins Exil senden und sah ihn nie mehr wieder.

b) auf ihre Familie: Jakob lernte heimtückisch und unaufrichtig zu sein; und Esau beschloß, seiner Familie absichtlich zu mißfallen und nahm die Tochter Ismaels zur Frau.

c) auf die Nationen: Die Bitterkeit Esaus gegenüber seinem Bruder, der ihn betrog, setzte sich auf Generationen fort.

Die Geschichte Rebekkas illustriert das Prinzip, daß die Sünde des Mannes nicht das eigene Fehlverhalten rechtfertigt. Die geistliche Blindheit Isaaks und seine schwache Leiterschaft waren keine Entschuldigung für Rebekkas mangelnde Unterordnung und ihren Verrat."[66]

Biblische Beratung

a) „Wenn Gott als weiser Schöpfer solche Ordnungen als gültige Grundlagen festschreibt, dann darf der Mensch sicher sein, daß dahinter kein Mißbrauch von Macht und Autorität steht. Er will nur Gutes, das Heil-Sein der Beziehungen aller Geschöpfe untereinander und natürlich vor allem der Frau und des Mannes zueinander."[67]

b) Ein biblisch orientierter Seelsorger wird deswegen die Ratsuchende ermutigen, ein Ja zu Gottes Rollenverteilung zu finden.

Falsche Barmherzigkeit in der Beratung kann der Frau die Unterordnung sehr schwer machen. Eine Frau, die sich nicht unterordnen will, kann das Lebenswerk eines Mannes blockieren, eine Ehe zerbrechen, eine Familie zerstören und einer ganzen Gemeinde Schaden zufügen. Bei all dem wird sie selbst nicht glücklich sein.

Kernsätze

Biblisches Prinzip:
Gott schützt mit der Rollenverteilung eine funktionierende Partnerbeziehung.
Biblischer Rat:
Unterordnung der Ehefrau unter die Führung ihres Mannes.

Fallbeispiel 1

„Ich beginne zu verstehen, daß Gottes Pläne und Entscheidungen perfekt sind. Niemand hat bessere Ideen als er. Und trotzdem wollen wir uns ihm nicht unterordnen. Ich hatte Schwierigkeiten, die Führung aus der Hand zu geben und die Autorität meines Mannes anzuerkennen. Es war ein ‚Werk des Fleisches‘. Allmählich sah ich ein, daß mein Widerstand gegen die Führung meines Mannes falsch war. Die Zeit für eine tatsächliche Veränderung kam. Ich merkte, daß Gott durchaus in der Lage war, mich durch meinen Ehemann zu führen.“[68]

Fallbeispiel 2

„Ich durfte in meinem Leben schon viele persönliche Führungen erleben. Als mein Mann 1990 den Ruf erhält, in Mannheim beim Gemeindebau mitzuhelfen, habe ich selbst großen Frieden über seine Entscheidung. Die Gewißheit über diese Führung Gottes macht mich in bezug auf die weitreichenden Veränderungen in meinem Leben getrost. Im Oktober desselben Jahres findet der Ortswechsel nach Mannheim statt.

Ein Jahr später kommt unser zweites Kind zur Welt. Die Dachwohnung wird zu eng. Ein erneuter Umzug muß ins Auge gefaßt werden. Als uns eine schöne Wohnung im benachbarten Rhein-Neckar-Kreis angeboten wird, bin ich sehr unsicher, ob dieser neue Wohnort dem Willen Gottes entspricht. Sollen wir um der Gemeindearbeit vor Ort willen nicht lieber in der engen Wohnung ausharren? Ist die geräumige Wohnung eventuell ein Lockmittel des Teufels? Diese Gedanken in einer damals schwachen Lebensphase plagen mich und werden noch durch das Verhalten Lots bezüglich seiner falschen Entscheidung (er sah bei der Wahl des Weidelandes, was vor Augen war - 1.Mo13,11-13) genährt. Nun gilt es, meine Hoffnung auf den Herrn zu setzen und meinem Mann zu vertrauen, daß er die richtige Entscheidung treffen wird. Noch am Umzugstag habe ich große innere Kämpfe, den Entschluß meines Mannes als richtig anzusehen.

Heute bin ich sehr froh, daß ich mich meinem Mann untergeordnet habe. Drei Jahre später öffnet der Herr in unserem jetzigen Wohnort Ilvesheim die Tür für eine neue Gemeindegründung, bei der wir in der ersten Aufbauphase mithelfen dürfen." (Sylvia Plock, Mannheim)

Fallbeispiel 3

Bernd trägt jahrelang in seinem Herzen den Wunsch, mit seiner Familie in ein fernes Land auszuwandern. Ines kann sich diese Lebensveränderung nicht vorstellen. So versucht Bernd, sich mit anderen schönen Angeboten von seinem Fernweh abzulenken. Die Freude darüber ist immer nur von kurzer Dauer. Bernd ist mit seinem Leben unzufrieden und dient auch dem Herrn nur mit halbem Herzen. Die eheliche Beziehung leidet unter dieser Situation. Bernd fühlt sich von seiner Frau in seiner Lebensgestaltung blockiert.

In der Seelsorge wird Ines geraten, ihren Eigenwillen auf den Altar zu legen und ihrem Mann die willentliche Bereitschaft (das Gefühl hinkt natürlich hinterher) zum Auswandern zu geben. Gott arbeitet an Ines. Unter Tränen ist sie bereit, sich ihrem Mann auch in dieser Sache unterzuordnen. Ausreiseanträge werden gestellt. Nach langem Bangen und Warten wird von der zuständigen Behörde die Einreise ins Land abgelehnt. Bernd nimmt diese Absage ganz aus Gottes Hand. Der Jugendtraum ist vorläufig begraben. Bernd wird für drei Jahre ein aktiver Mitarbeiter in seiner Gemeinde. Leider bricht der Freiheitsdrang von neuem durch. Bernd verläßt im Januar 1999 seine Familie. Ines trifft nun auch in der schweren Lebensphase den Entschluß, als Christin an den guten biblischen Prinzipien der Unterordnung festzuhalten. Das bewahrt sie vor Bitterkeit und Haß und hilft ihr, Bernd gegenüber in der Offensive der Liebe zu bleiben. Der spürbare Friede Gottes, der höher ist als alle Vernunft, gibt ihr sogar die Kraft, trotz negativer äußerer Umstände das Vertrauen ihrer vier Kinder in die Liebe und Souveränität Gottes zu stärken. Die Gemeinde darf miterleben, wie sich an Ines das Wort aus Jeremia 17,7+8 erfüllt: „Gesegnet ist der Mann (die Frau), der auf den Herrn vertraut und dessen Vertrauen der Herr ist. Er wird sein wie ein Baum, der am Wasser gepflanzt ist und am

Bach seine Wurzeln ausstreckt und sich nicht fürchtet, wenn eine Hitze kommt. Sein Laub ist grün, im Jahr der Dürre ist er unbekümmert, und hört nicht auf, Frucht zu tragen."

Literaturempfehlung:

„Die Frau nach dem Willen Gottes" (neunteilige Kassettenserie mit Arbeitsheften; deutsche Ausgabe 1993; zu beziehen bei Ilse Maier, Biblischer Missionsdienst e.V. Marktstraße 29, D-72793 Pfullingen, Fax: 07121 / 71115).

5. Die biblische Berufung der Mutter

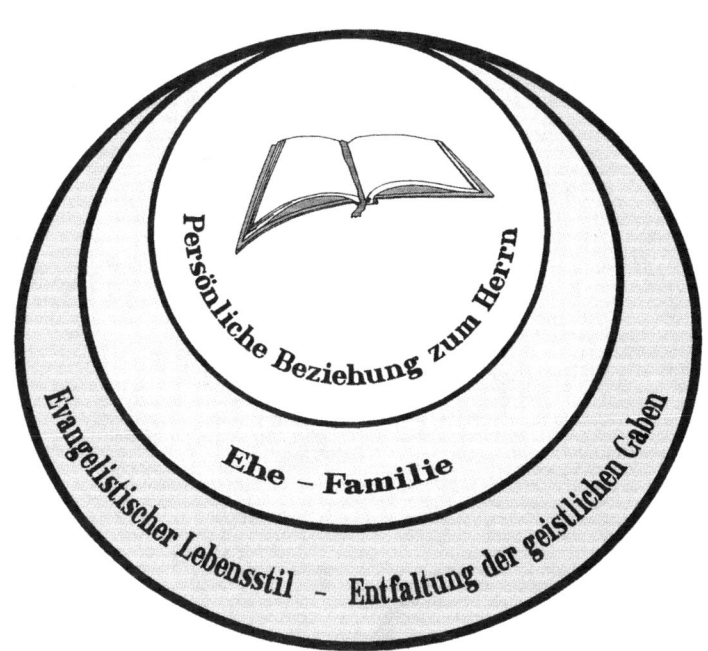

Persönliche Beziehung zum Herrn

Ehe – Familie

Evangelistischer Lebensstil – Entfaltung der geistlichen Gaben

5. DIE BIBLISCHE BERUFUNG DER MUTTER

Viele Hausfrauen und Mütter bekommen von ihren Ehemännern und Kindern daheim kaum Anerkennung für ihre Tätigkeit. Sie sind frustriert und suchen Bestätigung in der Berufstätigkeit.

Manche begabten Mütter mit schönen Berufen finden daheim keine Erfüllung. Sie werden depressiv.

Einige „Nur-Hausfrauen" fühlen sich von der Gesellschaft als minderwertig abgestempelt. Sie bekommen Komplexe.

Die Berufstätigkeit wird diesen Müttern mit schillernden Farben vor Augen gemalt.

Gott möchte der gläubigen Mutter mit seinen guten Lebensregeln helfen, sich von der Knechtschaft weltlicher Denkmuster zu befreien (Röm.12,2). Im Rahmen seines Willens wird sie ein reiches, sinnerfülltes Leben führen können.

Biblische Wahrheiten

Der Seelsorger muß sich zunächst mit dem allgemeinen Willen Gottes für das Leben einer Christin auseinandersetzen, um biblisch raten zu können.

Erstens muß er die göttlichen Ziele und Aufgaben für das Leben einer gläubigen Mutter kennen.

Zweitens muß er wissen, was in Gottes Augen Ewigkeitswert hat. Es geht um ein Leben mit bleibender Frucht, das vor dem Richterstuhl Christi belohnt wird.

Drittens muß er Sinn und Zweck der Berufstätigkeit in der Schrift erforschen, um die Ratsuchende zu einem Leben nach göttlichen Prioritäten ermutigen zu können.

5.1 Aufgaben und Ziele einer christliche Frau

5.1.1 Sie soll zu einer geistlichen „Mutter in Christus" heranreifen

Spr.31,30b: „Eine Frau, die den Herrn fürchtet, die soll man loben."

Luk.10,39b+40a+42b: „... Maria, die sich auch zu seinen Füßen nieder-
setzte und seinem Wort zuhörte. Martha aber war sehr beschäftigt mit vielem Dienen ..." „Jesus antwortete: ... Maria hat das gute Teil erwählt ..."

Röm.16,13: „Grüßt Rufus, den Auserwählten im Herrn, und seine und meine Mutter."

Grundvoraussetzung, um zu einer geistlichen Mutter in Christus heranzu-
reifen, ist gewiß die innige Gemeinschaft mit Gott durch Wort und Gebet.
Um auf dieses Ziel hin zu leben, wird die persönliche Beziehung zu Jesus Christus an erster Stelle im Leben einer christlichen Frau stehen. Diese Priorität
gestaltet auch ihren Alltag.

Eine gläubige Mutter ist bestrebt, sich wie Maria zuerst zu den Füßen Jesu
zu setzen und seiner Rede zuzuhören, bevor sie ihm wie Martha im praktischen Alltag dient. Sie nützt auch die ungezählten Herausforderungen des
Lebens, um eine Haltung des Vertrauens und der Anbetung einzuüben. Dabei
wird sie geistlich reifen.

Luk.2,37: „Hanna war eine Witwe von vierundachtzig Jahren, die wich
nicht vom Tempel und diente Nacht und Tag mit Fasten und Flehen."

1.Tim.5,5: „Die aber wirklich Witwe und vereinsamt ist, hofft auf Gott
und verharrt in Flehen und Gebeten Tag und Nacht."

Der verborgene Umgang mit Jesus Christus (1.Petr.3,4) kann sie auch
in schweren Lebensführungen, z.B. bei Verlust ihres Mannes, durchtragen
und noch fester an den Herrn binden.
* *Fehlt berufstätigen Müttern nicht die Zeit, sich intensiver mit dem Wort
Gottes zu beschäftigen?*
* *Ist es nicht ein großes Vorrecht daheim zu sein und Freiräume zum Bibelstudium und Gebet nutzen zu können?*

5.1.2 Sie soll jüngeren Frauen biblische Prioritäten lehren können

Tit.2,3b-5: „Ebenso die alten Frauen, ..., Lehrerinnen des Guten, damit
sie die jungen Frauen unterweisen, ihre Männer zu lieben, ihre Kinder zu

lieben, besonnen, keusch, mit häuslichen Arbeiten beschäftigt, gütig, den eigenen Männern sich unterzuordnen, damit das Wort Gottes nicht verlästert werde."

Nur wer aus Liebe zum Herrn und im vertrauensvollen Gehorsam gegenüber Gott seine Rolle als Hausfrau und Mutter angenommen hat, wird auch einmal jüngere Mütter in dieser Hinsicht lehren können.

Wenn Frauen jedoch ihre besten Jahre draußen in der Arbeitswelt verbringen und ihre häuslichen Verantwortungen an andere abgeben, haben sie in ihrem späteren Leben in dieser Hinsicht wenig an jüngere Frauen weiterzugeben.

Um das im Titusbrief beschriebene Ziel zu erreichen, wird die gläubige Mutter folgende Prioritäten in ihrem Leben setzen:

a) Sie will zuerst ihren Ehemann lieben

Spr.31,12: „Sie erweist ihm Gutes und nichts Böses alle Tage ihres Lebens."

In Titus 2,5 wie auch in Sprüche 31 kommt die Gott wohlgefällige Reihenfolge gut zum Ausdruck: die eheliche Beziehung hat Vorrang vor der Liebe zu den Kindern, der Haushaltsführung und dem sozialen Engagement. Ehekrisen haben oft in der Umkehrung dieser Prioritätenfolge ihre Wurzeln und sind später, wenn die Kinder aus dem Haus sind, nur schwer zu beheben. Die Liebe zum Mann wird neben der geforderten Unterordnung (Eph.5,24) und Ehrfurcht (Eph.5,33) individuelle Ausdrucksformen haben. Gute Ehebücher sind an der Stelle in der Seelsorge sehr zu empfehlen.

b) Sie will dann ihre Kinder lieben

Eph.6,4: „Reizt eure Kinder nicht zum Zorn, sondern zieht sie auf in der Zucht und Ermahnung des Herrn."

1.Tim.5,9a+10a: „Eine Witwe soll ins Verzeichnis eingetragen werden, ..., wenn sie ein Zeugnis guter Werke hat, wenn sie Kinder aufgezogen ..."

Kinder sind eine Gabe Gottes (Ps.127,3). An die Gabe ist die Aufgabe der Erziehung geknüpft. Beide Elternteile werden von Gott in diese Verantwortung hineingenommen.

Die Erziehung der Kinder braucht viel Zeit. Im Kleinkindalter nimmt die Versorgung viele Stunden in Anspruch. Später sind es Charakterschulung und Unterweisung, die auf dem Weg zum Selbständigwerden unumgänglich sind. Kürzlich sagte mir eine Mutter, daß sie für ihre Teenager viel Gesprächszeit investieren muß. Kinder brauchen ungeteilte Aufmerksamkeit. Hinzu kommt das große Vorrecht, ihnen Jesus Christus und sein Wort lieb zu machen.

2.Tim.3,14: „Du aber bleibe in dem, was du gelernt hast und wovon du völlig überzeugt bist, da du weißt, von wem du gelernt hast, und weil du von Kind auf die heiligen Schriften kennst."

Die Errettung der Kinder liegt nicht in der Macht gläubiger Eltern. Heranwachsende werden aber ihre Augen vor dem Vorbild eines an Christus hingegebenen Lebens nicht verschließen können. Und müssen Eltern in der Erziehung nicht selbst Lernende bleiben? Auch an der Stelle sei auf gute Erziehungsbücher hingewiesen.

c) Sie will ihren Haushalt gut führen

Spr.31,10: „Eine tüchtige Frau - wer findet sie? Weit über Korallen geht ihr Wert."

Zum Schluß bleibt noch der Haushalt. Viele Ehemänner wünschen sich ein gepflegtes und wohlgeordnetes Zuhause. Kochen, backen, waschen, bügeln, nähen, putzen, einkaufen sind Arbeiten, die zum Hausfrauendasein dazugehören. Eine Frau hatte über ihrer Spüle das Schild hängen: „Gottesdienst hier dreimal täglich". Obwohl die moderne Frau durch die vielen technischen Geräte im Haushalt enorme Erleichterung erfährt, scheint dieser Bereich trotzdem die größte Frustration auszulösen.

In der seelsorgerlichen Beratung erweist sich die Frau aus Sprüche 31 als helfendes und mutmachendes Vorbild.

„Diese begabte und fleißige Frau hätte die nötigen Fähigkeiten, in vielen Berufen außer Haus erfolgreich zu sein. Doch die zufrieden wirkende Mutter betrachtet die Rolle einer Hausfrau als herausfordernd und spannend. Sie ist zu kreativ und beschäftigt, als daß sie sich langweilen würde: sie ist eine gute Köchin, Gärtnerin (V.16), Schneiderin (V.22), sie ist auch begabt in Handarbeiten wie Weben (V.13) und Teppichknüpfen (V.22). Sie arbeitet mit ‚Lust ihrer Hände' (V.13) und sorgt für die unmittelbaren und langfristigen Bedürfnisse ihrer Familie (V.21-24)."[69]

Diese biblischen Anweisungen zur Verherrlichung Gottes und zum Wohl der Ehe und Familie kosten Zeit und Kraft.

* *Ist eine berufstätige Frau nicht hilflos überfordert, wenn sie Beruf und Berufung miteinander vereinen will?*
* *Leidet eine berufstätige Frau nicht häufig unter Erschöpfungszuständen, weil sie allem gerecht werden will und dabei selbst keine Zeit zur Entspannung und Pflege der Gesundheit hat?*
* *Leidet nicht oft die Ehebeziehung unter der gehetzten und gestreßten Alltagsatmosphäre? Ist die berufstätige Frau nicht gerade für die leibliche Gemeinschaft mit ihrem Ehemann oft viel zu müde?*
* *Wird nicht eine konsequente Kindererziehung durch Miterzieher, die Aufsichtspflichten an den Kindern wahrnehmen, beeinträchtigt?*
* *Bringen nicht unvorhergesehene Dinge, wie z.B. Krankheiten und Ferien der Kinder, die Familie unter großen Druck?*
* *Erweist sich nicht die Haushaltsführung unter diesen Bedingungen als zusätzliche Last?*
* *Kann eine berufstätige Mutter die biblischen Prioritäten lehren, wenn sie selbst nicht danach gelebt hat?*

5.1.3 Sie soll ein mit Liebestaten gefülltes Leben führen

Spr.31,20: „Ihre Hand öffnet sie dem Elenden und streckt ihre Hände dem Armen entgegen."

Apg.9,36: „In Joppe aber war eine Jüngerin mit Namen Tabea, die übersetzt heißt: Dorkas. Diese war reich an guten Werken und Almosen, die sie übte."

Jak.1,27: „Ein reiner und unbefleckter Gottesdienst vor Gott und dem Vater ist dieser: Waisen und Witwen in ihrer Drangsal zu besuchen, sich selbst von der Welt unbefleckt zu erhalten."

1.Tim.2,10: „... Frauen, die sich zur Gottesfurcht bekennen durch gute Werke."

Eine verwitwete Mutter wurde damals nur ins Gemeindeverzeichnis eingetragen - und damit von der Gemeinde unterstützt - wenn sie:
1.Tim.5,10: „Ein Zeugnis in guten Werken hat, wenn sie Kinder aufgezogen, wenn sie Fremde beherbergt, wenn sie der Heiligen Füße gewaschen, wenn sie Bedrängten Hilfe geleistet hat, wenn sie jedem guten Werk nachgegangen ist."

Praktizierte Nächstenliebe bietet ein riesengroßes Betätigungsfeld für die christliche Frau. Es geht dabei um ein Leben, das nicht für sich selbst gelebt wird, sondern sich in Wort und Tat anderen Menschen hingibt.

Mary LaGrand Bouma schreibt in ihrem Buch „Die kreative Hausfrau": „Wenn wir uns entscheiden, diese außergewöhnliche Aufgabe ‚Haushaltsführung' nicht zu erfüllen, so wird sie ganz einfach nicht getan werden. Das Muttersein, das Pflegen, Trösten und Sorgen, das den Tag einer hingegebenen Mutter ausfüllt, wird einfach abhanden kommen, und die Gesellschaft wird verarmen. Kinder werden nicht die geistliche Führung bekommen, die sie brauchen. Einsamen Jugendlichen wird niemand zuhören. Vielen Menschen mit Problemen wird nicht geholfen werden, und viele Kranke werden unbesucht bleiben. Ein besonderer menschlicher Wert wird aus unserer Kultur verschwinden."[70]

* *Wird nicht die berufstätige Mutter für solche, oft spontanen Liebesdienste kaum Zeit finden und die Herausforderung in diesem Bereich eher als belastend empfinden?*

5.1.4 Sie soll ihre persönlichen geistlichen Gaben entfalten

1.Petr.4,10: „Wie **jeder** (auch die Frau) eine Gnadengabe empfangen hat, so dient damit einander als gute Verwalter der verschiedenartigen Gnade Gottes."

Gerd Goldmann (Krefeld) schreibt zum Thema „Die Frau in der Gemeinde" folgendes:

„a) Gnadengaben und Mitarbeit damals ...
Die geistgewirkte Verschiedenheit der Gnadengaben (1.Kor. 12,4) zeigt sich auch bei den Frauen. Wenn wir von der Gabe des Apostels und des Vorstehers absehen, wird im Neuen Testament keine Gnadengabe genannt, die nicht auch von Frauen im Segen ausgeübt werden kann. So sehen wir Frauen als

- Lehrerinnen (Priscilla in Apg.18,26 bei der Belehrung des Apollos; Lehrerinnen des Guten in Tit.2,3)
- Prophetinnen (die vier Töchter des Philippus in Apg.21,9; nach 1.Kor.11,4 sollen Frauen weissagen)
- Evangelistinnen (Euodia und Syntiche in Phil.4,3)
- Dienerinnen (Phöbe in Röm.16,1, Tabita in Apg.9,36; dabei scheint Phöbe eine echte Diakonin im Sinne von 1.Tim.3,11 gewesen zu sein)

Daneben zählt Paulus eine ganze Reihe von Mitarbeiterinnen auf, deren Gaben und Aufgaben nicht näher beschrieben werden:

- Maria, die viel gearbeitet hat (Röm.16,6)
- Tryphäna und Tryphosa, die im Herrn arbeiten (Röm.16,12)
- Persis, die Geliebte, die viel gearbeitet hat im Herrn (Röm.16,12)
- Julia und die Schwester des Nereus, die offensichtlich zusammen mit drei Brüdern eine Hausgemeinde betreut haben (Röm.16,15)

b) ... und in der Gemeinde heute
Wieviel Segen kann in einer Gemeinde fließen, wenn Frauen voll in die Mitarbeit einbezogen sind! Und wieviel Potential liegt in mancher Versammlung gerade bei den Schwestern brach! Deshalb ist es ganz wichtig, daß Frauen entsprechend ihren Gnadengaben zum Dienst in der Gemeinde ermuntert werden, so daß sie in dieser Mitarbeit ihre geistliche Erfüllung finden:

- als Lehrerinnen in Frauenkreisen, Mutter/Kind-Kreisen, Hauskreisen, Jugend- und Kinderstunden, im biblischen Unterricht und im persönlichen Gespräch

- als Evangelistinnen beim Zeugnisgeben, beim Einladen zu Hauskreisen und Veranstaltungen für Gäste, bei der Mitarbeit in evangelistischen Hauskreisen, Frauenfrühstücken, Kinderstunden, Straßeneinsätzen, in evangelistischen Cafes und Bücherstuben ... Die Aufgaben reichen hin bis zur hohen Verantwortung, wie sie eine Missionarin hat
- als Seelsorgerinnen in persönlichen Gesprächen, bei Besuchen in Freude und Leid und in der Begleitung von Menschen mit Problemen
- als Dienerinnen in praktischer Hilfeleistung und Gastfreundschaft, wie sie gerade heute in vielfältiger Weise erforderlich sind (vielleicht ist die Kraft in der Diakonie in Zukunft entscheidend für das Wachstum einer Gemeinde). Dazu gehört auch, daß Gemeindefeiern, Hochzeiten, Kaffeetrinken nach Gästeveranstaltungen erst durch den Dienst unserer Frauen so schön gestaltet werden, daß sich alle daran freuen.
- als Leiterinnen: auch diese Gabe können Frauen haben; beispielsweise werden viele ‚Christliche Bücherstuben‘ oder Sonntagsschulen von Frauen geleitet
- als Beterinnen allein zu Hause, aber auch in speziellen Gebets- oder Hauskreisen; oft sind Frauen treuere Beter als Männer."[71]

* *Werden berufstätige Mütter noch den Freiraum finden, ihre geistliche Gabe zu entfalten?*
* *Muß ihr „Pfund" wegen falscher Prioritäten vielleicht brach liegen (Luk.19,20)? Werden ihre Prioritäten nicht auch den Lebensstil ihrer Töchter prägen?*

5.1.5 Sie soll eine Zeugin Jesu in ihrem Umfeld sein

Joh.4,39a: „Aus jener Stadt aber glaubten viele von den Samaritern an ihn um des Wortes der Frau willen ...“

Eine christliche Frau kann durch einen kreativen Lebensstil Menschen mit dem Evangelium konfrontieren. Nachbarschaft, Kindergarten, Schule, Spielplatz, sportliche Aktivitäten etc. bieten viele Möglichkeiten, mit Nichtchristen in Kontakt zu kommen. Wie viele gute geistliche Gespräche sind schon beim Kaffeetisch entstanden! Aber auch das braucht Zeit.

* *Wird nicht die genaue Zeitplanung einer berufstätigen Mutter die vielen missionarischen Möglichkeiten ungenützt verstreichen lassen müssen, die sich im allgemeinen gerade im Berufsleben bieten?*

5.2 Ein Leben mit Ewigkeitswert

Gott möchte jeden Christen vor einem fruchtlosen Leben bewahren. Wer von ewigen Zielen her lebt, wird seinen Lebensstil danach ausrichten wollen. Darum fordert der Apostel Paulus die Gläubigen auf: „... versteht, was der Wille des Herrn ist ..." (Eph.5,17) und „... prüft, was dem Herrn wohlgefällig ist" (Eph.5,10).

„1. Ein christlich geformter Charakter ist von ewigem Wert; er ist eines der wenigen Dinge, die wir mit in den Himmel nehmen werden.

2. Für Christus gewonnene Seelen sind von bleibender Bedeutung. Sie sind Anbeter des Lammes Gottes von Ewigkeit zu Ewigkeit.

3. Diejenigen, die das Wort der Wahrheit lehren, die junge Gläubige in der Nachfolge begleiten, machen eine Investition in Menschenleben, die für immer bleiben wird.

4. Mütter und Väter, die ihre Söhne und Töchter für den Dienst im Reich Gottes aufziehen, können gewiß sein, daß ihr Werk von Dauer sein wird.

5. Treue Arbeiter, die ihr Geld für Christus einsetzen, engagieren sich in einem Dienst, der nicht fruchtlos bleiben wird.

6. Wer sich dem Werk des Gebets widmet, wird eines Tages sehen, daß jedes Gebet nach Gottes Willen, zu Gottes eigener Zeit und auf seine Weise erhört worden ist.

7. Jeder, der dem Volk Gottes dient, ist mit einer Arbeit von Ewigkeitswert beschäftigt. Der einfachste Diener Christi hat eine klarere Sicht als die klügsten Menschen der Welt. Sein Werk wird bleiben, während sich ihres in Nichts auflösen wird."[72]

5.3 Sinn und Zweck der Berufstätigkeit

Folgende Formulierung grenzt bereits den Wert der Berufstätigkeit ein: Jeder Berufstätige arbeitet, aber nicht jeder, der arbeitet ist berufstätig. Für Berufstätigkeit gibt es Entlohnung, für Arbeit nicht unbedingt.

5.3.1 Arbeit und Beruf dienen der Erhaltung der Schöpfung

1.Mo.1,28: „Gott segnete sie und sprach zu ihnen: Seid fruchtbar und vermehrt euch, und füllt die Erde, und macht sie euch untertan; und herrscht über die Fische des Meeres und über die Vögel des Himmels und über alle Tiere, die sich auf der Erde regen."

Die Arbeit wurde von Gott vor dem Sündenfall eingerichtet. Sie nützt der Bewahrung der Schöpfung. Der Mensch soll seinen Lebensraum lebenswert gestalten. Um diesen Auftrag zu erfüllen, rüstete Gott seine Geschöpfe mit Kraft, Kreativität, Forschergeist und Schaffensfreude aus. Vollbrachte Leistungen geben dem Menschen deswegen Befriedigung und in einem gewissen Maß auch Lebenserfüllung.

5.3.2 Der Beruf dient zum Erwerb des Lebensunterhaltes

Apg.20,33+34: „Ich habe von niemandem Silber oder Gold oder Kleidung begehrt. Ihr wißt, daß meinen Bedürfnissen und denen, die bei mir waren, diese Hände gedient haben."

5.3.3 Der Beruf dient zur materiellen Unterstützung Bedürftiger

Apg.20,35: „Ich habe euch in allem gezeigt, daß man so arbeitend sich der Schwachen annehmen und an die Worte des Herrn Jesu denken müsse, der selbst gesagt hat: Geben ist seliger als Nehmen."

Eph.4,28: „Wer gestohlen hat, stehle nicht mehr, sondern mühe sich vielmehr und wirke mit seinen Händen das Gute, damit er dem Bedürftigen etwas mitzugeben habe."

5.3.4 Der Beruf dient der finanziellen Unabhängigkeit von den Ungläubigen

1.Thess.4,12: „... und eure Ehre darein zu setzen, still zu sein und eure eigenen Geschäfte zu tun und mit euren Händen zu arbeiten, so wie wir euch geboten haben, damit ihr anständig wandelt gegen die draußen und niemanden nötig habt."

2.Thess.3,10: „Wenn jemand nicht arbeiten will, soll er auch nicht essen."

In Gottes Augen ist die Ausübung eines Berufes richtig, wichtig und nützlich. Gott unterstützt niemals einen unordentlichen Lebenswandel, der die Arbeit scheut.

5.3.5 Der Beruf bestimmt nicht den Wert eines sinnvollen Lebens

a) Verzicht durch Umstände
- Berufsunfähigkeit durch Unfall oder Krankheit
- Verlust der Arbeitsstelle durch Kündigung
- Pensionierung

b) Verzicht um Gottes willen
- Männer und Frauen verzichten auf Beruf und Karriere und dem damit verbundenen, geregelten Einkommen, um ihre ganze Zeit und Kraft für die Arbeit im Reich Gottes einzusetzen.
- Mütter beenden die Berufslaufbahn, um nach biblischen Prioritäten ihrer Berufung gemäß zu leben und zuerst daheim ihre Arbeit zu erfüllen.

5.3.6 Zusammenfassung der Lehraussagen

a) Gott will ein Leben, das Christus verherrlicht.
   (1.Kor.6,20; 2.Kor.5,15; Gal.2,20; Eph.4,1; 2.Thess.1,12)

b) Gott will ein Leben nach biblischen Prinzipien.
   (Luk.10.38-42; Tit.2,5)

c) Gott will ein Leben mit viel Frucht für die Ewigkeit.
   (Luk.8,14+15; Joh.12,24+25; Joh.15,1-6; Röm.7,3; Kol.1,9-11)

d) Gott will ein Leben, das die persönlichen Geistesgaben entfaltet.
   (1.Tim.4,14; 2.Tim.1,6; 1.Petr.4,12; Röm.12,1-8; 1.Kor.12,1-31)

Biblische Beratung

a) In der Seelsorge muß deutlich werden, daß Berufstätigkeit an sich neutral ist. Gott verbietet der gläubigen Mutter grundsätzlich nicht die Ausübung eines Berufes.
Bei Arbeitsunfähigkeit des Mannes, bei finanzieller Not als Alleinerziehende etc., kann die Berufstätigkeit der Mutter unumgänglich sein.

b) Biblische Beratung ist jedoch immer Wurzelbehandlung (Aufdecken der Motive) und nicht nur Symptomtherapie (Einführung oder Abschaffung einer äußeren Form). Das Wort Gottes deckt die verborgensten Schichten unserer Persönlichkeit auf und scheidet Echtes vom Falschen, Gutes vom Bösen. Gedanken und Motive werden durch das Wort Gottes gerichtet (Hebr.4,12). Bei Übereinstimmung der persönlichen Motive mit dem Willen Gottes wird eine Ratsuchende auch als Berufstätige den göttlichen Frieden genießen können.

c) Der Seelsorger wird also zu einer Selbstprüfung ermutigen. Die Ratsuchende muß ihre Motive im Licht des Wortes Gottes erforschen. Folgende Fragen können sich dabei als Hilfe erweisen:
- Stimmen die Motive meines Handelns mit der Gesinnung Jesu überein?
- Lebe ich nach biblischen Prinzipien?

d) Dieser Selbstprüfung müssen auch andere Aktivitäten, selbst im christlichen Gewand, standhalten. Der Seelsorger kann als Hilfe für die Entscheidungsfindung eine Checkliste möglicher Motive mit passenden biblischen Argumenten anbieten:

* *Brauche ich das Geld wirklich oder bin ich materialistisch gesinnt?*

Hebr.13,5: „Der Wandel sei ohne Geldliebe; begnügt euch mit dem, was vorhanden ist, denn er hat gesagt: Ich will dich nicht versäumen noch verlassen."

Der finanzielle Gewinn eines zweiten Gehaltes kann auch Täuschung sein. Eine Frau stellte fest, nachdem sie die mit ihrem Beruf verbundenen Ausgaben berechnet hatte (auswärtiges Essen, höhere Steuern, zusätzliche Sozialversicherung, Gewerkschaftsbeiträge, Kindertagesheim, Transportkosten, Kleidung etc.), daß ihr von ihrem hochbezahlten Ganztagsjob netto nur 40 Mark pro Woche blieben.

Gott verspricht denen, die nach seinem Reich trachten, auch die nötige Versorgung (Mt.6,33). Die Befreiung aus der Knechtschaft des Materialismus geschieht durch das Vertrauen auf Gottes Zusagen.

* *Bin ich ein Opfer des Zeitgeistes?*

Röm.12,2: „Seid nicht gleichförmig dieser Welt, sondern werdet verwandelt durch die Erneuerung des Sinnes, daß ihr prüfen könnt, was der Wille Gottes ist: das Gute und Wohlgefällige und Vollkommene."

In der Gesellschaft scheint eine Frau nur dann anerkannt zu sein, wenn sie außer Haus aktiv im Berufsleben steht. Die Befreiung von der Beeinflussung des Zeitgeistes geschieht durch den Blick auf den Sinn und Zweck der Berufstätigkeit aus Gottes Sicht.

* *Weiß ich um Unterlassungen, die falsche Prioritäten mit sich bringen können?*

Jak.4,17: „Wer nun weiß Gutes zu tun, und tut es nicht, dem ist es Sünde."

Die fehlende Anerkennung daheim und der Wettstreit mit dem Mann fördern die Flucht der Mutter vor der biblischen Platzanweisung.

Gott hat wichtige Aufgaben und wertvolle Ziele mit einer gläubigen Frau. Die Befreiung von einem Leben nach falschen Prioritäten geschieht nur im Gehorsam gegenüber Gottes Wort.

* *Will ich mich durch die Berufstätigkeit selbst verwirklichen (Wandel im Fleisch), anstatt Christus durch mein Leben zu verherrlichen (Wandel im Geist)?*

2.Kor.5,15: „Und für alle ist er gestorben, damit die, welche leben, nicht mehr sich selbst leben, sondern dem, der für sie gestorben und auferweckt worden ist."

Die Gesellschaft malt der Mutter nur innerweltliche Befriedigung vor Augen. Gott möchte jedoch jeden Gläubigen vor dem Richterstuhl Christi belohnen (2.Kor.5,10). Die Befreiung von einem diesseitsorientierten Lebensstil geschieht nur im Hinblick darauf, was in Gottes Augen Ewigkeitswert hat.

e) Wird nach der Selbstprüfung offenbar, daß fleischliche Gesinnung, sprich Weltförmigkeit (Röm.12,2), Egoismus (Gal.5,19), Ehrsucht (Phil.2,3; Gal.5,26), Habgier (Mt.6,24; 1.Tim.6,10), Unglaube (Mt.7,24-32), Flucht vor der biblischen Platzanweisung (Tit.2,4+5) die eigentliche Triebfeder des Wunsches nach Berufstätigkeit ist, so gilt es, den alten Menschen in einer Haltung der Selbstverleugnung als mit Christus gekreuzigt zu betrachten (Gal.2,20; Kol.3,3). Geltungsbedürfnis und eigenes Streben (Eph.2,3) werden dem guten Willen Gottes untergeordnet (Röm.12,2).
Jede gläubige Frau, die sich als Ganzopfer Gott zur Verfügung stellt und ihm die Blankounterschrift für ihr Leben gibt, wird zur echten Befreiung des Ich-Lebens gelangen. So findet sie ihre Identität, ihren Wert in Christus. Das macht den Weg zur Fruchtbarkeit und Gebräuchlichkeit für den Herrn frei. Ein Leben nach dem Fleisch wird letztlich nie wirklich befriedigen und glücklich machen können (Matth.10,39).

Zum Schluß zitiere ich noch einmal Mary La Bouma: „Wenn Mütter ihre Berufe als Sekretärinnen, Ingenieure, Verkäuferinnen oder Ärztinnen aufgeben, werden andere Menschen ihren Platz einnehmen und die Welt wird reibungslos weitergehen wie zuvor. Das Geschäftsleben wird seinen gewohnten Lauf nehmen. Die Lebensmittel werden weiterhin verkauft werden und die Börsen werden weitermachen. Nicht aber der Haushalt. Wir sind die ausgewählten Menschen, deren Händen die Haushalte des Landes anvertraut wurden. Wenn wir diese Arbeit aufgeben, wird die Welt nicht weitergehen wie bisher. Sie beginnt zu schwanken und verliert die Orientierung. Wir Hausfrauen sind unentbehrlich."[73]

Kernsätze

> **Biblisches Prinzip:**
> **Gott schützt die Familie und gibt Anleitung**
> **für ein Leben mit Ewigkeitswert.**
> **Biblischer Rat:**
> **Christusverherrlichung und Dienst der Mutter zuerst**
> **in der eigenen Familie.**

Fallbeispiel 1

„Gerhard und ich haben uns so gut verstanden. Und was geschah? Wir bekamen drei Kinder. Das bedeutete: keine Zeit mehr - Fahrgemeinschaften, Musikstunden, Beulen, Quetschungen, Krach, kleine Fragen, große Fragen. Aber das ist noch nicht alles. Da gibt es Nachbarn, mit denen man Kontakt pflegen möchte, Freunde, die man treffen möchte - und ja, dann unsere berufliche Tätigkeit. Ich vergaß zu erwähnen, daß wir beide berufstätig sind. Gerhard ist im Außendienst für seine Firma. Es macht ihm Spaß, aber er ist immer so schrecklich müde. Ich bin Krankenschwester und habe auch Freude an meinem Beruf. Aber ich bin genauso erschöpft, wenn ich von der Arbeit zurückkehre. So kommen wir beide nach Hause und würden uns gerne hinsetzen und miteinander reden, uns an den Händen halten, zärtlich sein. Aber statt dessen ist das Essen zu kochen, und nach dem Essen muß man abwaschen, die Mahlzeiten für morgen planen, das Haus aufräumen und saubermachen und die Hausaufgaben beaufsichtigen. Und dann sind noch Telefonate zu erledigen. So fallen Gerhard und ich dann später buchstäblich ins Bett - total erschöpft. Am Morgen geht es dann von vorne los: Frühstück machen, Butterbrote backen, Stundenplan überprüfen, Mittagessen vorbereiten und - ‚Tschüs!‘, ‚Sei vorsichtig!‘ plus einer Menge anderer Dinge, die man dem anderen in letzter Minute noch nachruft. Unsere Wochenenden sind immer eine totale Katastrophe. Und das liegt nicht zuletzt auch an der Gemeinde. Doch wir möchten sie auf keinen Fall aufgeben.

Manchmal könnte ich heulen über die Art, wie Gerhard und ich uns anschauen. Es scheint, als ob ein Teil unserer Person aus großer Einsamkeit heraus riefe: ‚Hey, du auf der anderen Seite, du siehst so aus, als könne

man mit dir reden. Ich wünschte, ich könnte dich noch einmal neu kennenlernen.' Ich bin sicher, daß es Gerhard genauso geht wie mir, denn wir
lieben uns wirklich. Doch manchmal denke ich - all dies Einander-Zuwin-
ken, das Hinüberrufen über einen Abgrund - wie lange kann das so weitergehen? Was ist, wenn wir bereits gefährlich nahe daran sind, uns fremd zu
werden? Was wird, wenn wir es schon sind?"[73a]

Fallbeispiel 2

Andrea, Mutter von zwei schulpflichtigen Kindern, von Beruf Postbeamtin, findet 1991 zum Glauben an Jesus Christus. Sie dient dem Herrn vorbild-
lich in der Sonntagsschularbeit und in der persönlichen Betreuung einzelner
Frauen. Zehn Jahre Beurlaubungszeit als Beamtin gehen zu Ende. Sie steht
vor der großen Entscheidung, wieder ins Berufsleben einzusteigen. Ihr Mann
hat Multiple Sklerose. Die finanzielle Versorgung der Familie ist wegen seines
Gesundheitszustandes für die Zukunft nicht gesichert. Andrea ist angefoch-
ten. Sie weiß, daß sie als berufstätige Mutter vor allem ihren Dienst in der
Gemeinde reduzieren müßte. Der Herr stärkt ihr Vertrauen durch
Mt.6,25+33: „Seid nicht besorgt für euer Leben, was ihr essen und was ihr
trinken sollt, noch für euren Leib, was ihr anziehen sollt. Ist nicht das Leben
mehr als die Speise und der Leib mehr als die Kleidung? Trachtet aber zuerst
nach dem Reich Gottes und nach seiner Gerechtigkeit, und dies alles wird
euch hinzugefügt werden." Im Vertrauen auf diese göttliche Zusage will sie auf
die finanzielle Absicherung durch die Berufstätigkeit verzichten, um weiterhin ihre Zeit für den Herrn einsetzen zu können. Unser himmlischer Vater
wird diesen inneren Glaubensschritt gewiß reich segnen.

Fallbeispiel 3

„Ich schließe die Hochschule mit dem Lehramtsdiplom ab und beginne, in
der Mittelschule Englisch zu unterrichten. Sechs Monate später heirate ich
Steve. Ich will in meiner knappen freien Zeit, die nach der Schule bleibt, die
bestmögliche Ehefrau sein. Aber eine sonnige Küche macht mich noch nicht
automatisch zu einer guten Köchin. Bei den einfachsten Dingen muß ich das
Kochbuch zu Rate ziehen. Die Gesellschaft hat mich auf alles vorbereitet, nur
nicht auf meine weibliche Rolle in der Ehe. Ich sehne mich danach, eine gute
Hausfrau zu sein. Aber wann? Jeden Abend komme ich erschöpft nach Hause, beladen mit Schularbeiten, die verbessert werden müssen, und mit

Stundenvorbereitungen für den nächsten Tag. Am Abend bin ich manchmal verstimmt, wenn mich mein Mann braucht. Zu anderen Zeiten ärgere ich mich über die Heimarbeit aus der Schule, die meiner Ehebeziehung in die Quere kommt. Ob ich will oder nicht: ich habe keine Zeit für Steve. Nach zwei Jahren treffe ich die Entscheidung, den Lehrberuf aufzugeben. Alle sind schockiert. Ich habe ‚Erfolg‘ gehabt. Warum soll ich ihn gegen die ‚Plage und Langeweile‘ des Haushalts eintauschen?

Anstelle meines früheren Verlangens, einen bedeutenden Platz außer Haus zu finden, strebe ich nun danach, eine gottesfürchtige Hausfrau zu sein. Ich erkenne, daß sich mir als Frau genug Herausforderungen stellen, um beschäftigt und erfüllt zu sein, aber ich fühle mich in einem Punkt betrogen: Warum hat es mir niemand früher gesagt?"[74]

Fallbeispiel 4

„Ich bin vierzig Jahre alt, von Beruf Zahnarzthelferin, verheiratet, und habe zwei Kinder im Alter von acht und zehn Jahren. Wie bei vielen Frauen kommt auch bei mir mit der Schulpflicht der beiden Kinder die Frage auf, ob ich wieder ins Berufsleben einsteigen soll. Da ich den Herrn Jesus lieb habe und ihm dienen möchte, entschließe ich mich nach kurzem Ringen, folgende Prioritäten in meinem Leben zu setzen:

1. Ich möchte zuerst meine Kraft und Zeit in Ehe und Familie investieren. Mein Ehemann und meine Kinder brauchen zuerst meine Liebe, Zuwendung und Hilfe. Ich will von ganzem Herzen meinen Teil zu einer guten Ehebeziehung und zur gesunden Persönlichkeitsentwicklung meiner Kinder beitragen.

2. Als ‚freischaffende Hausfrau‘ genieße ich das Vorrecht freier Zeiteinteilung. Gerne möchte ich die vielen Gelegenheiten nutzen, um meinen Mitmenschen, im besonderen meinen Geschwistern in der Gemeinde, zu helfen. Immer wieder wird ein Fahrdienst, eine Kinderbetreuung oder Krankenversorgung benötigt (Gal.6,10: ‚Laßt uns also nun, wie wir Gelegenheit haben, allen gegenüber das Gute wirken, am meisten aber gegenüber den Hausgenossen des Glaubens‘).

3. Ich will meine Gaben nicht verkümmern lassen, sondern mich weiterhin mit Freuden in der Sonntagsschularbeit einsetzen.

Bei Berufstätigkeit stünde ich häufig unter Druck, befände mich oft im Prioritätenkonflikt und müßte doch vieles unerledigt liegen lassen. Ich bin froh, daß ich als gläubige Frau meinen Wert nicht an der Berufstätigkeit messen muß. Gott hat mein Leben reich und sinnvoll gemacht." (Ulrike Richter, Mannheim)

Fallbeispiel 5

Silke ist Apothekerin und hat aus Liebe zur Familie ihre Apotheke aufgegeben. Als Mutter von drei Kindern setzt sie sich zusammen mit ihrem Mann sehr für den Aufbau einer Gemeinde in ihrem Stadtteil ein. Beide opfern Zeit, Kraft und Geld für die Gemeindegründung in ihrem Haus. Nach einigen Jahren ist die Gemeinde gewachsen. Räume werden gemietet und Aufgaben auf viele Schultern verteilt. Die Kinder sind größer geworden. Die Sehnsucht nach der Apotheke wird wieder wach. Hobbymäßig beginnt sie, einen Vormittag in der Woche zu arbeiten. Sie bittet den Herrn um Wegweisung bezüglich eines „Comeback" ins Berufsleben. Pläne werden geschmiedet.

An ihrem Geburtstag redet der Herr ganz unerwartet zu ihrem Herzen durch Mt.8,22: „Laß die Toten die Toten begraben." In einem Kommentar liest sie dazu folgende Sätze: „Deine erste Pflicht ist es, mir nachzufolgen. Laß die geistlich Toten die körperlich Toten begraben. Auch ein nicht erretteter Mensch kann das erledigen. Aber es gibt Aufgaben, die nur du allein ausführen kannst. Opfere deine beste Kraft für Ewiges. Verschwende sie nicht für Nebensächliches."[75]

Silke ist sofort gehorsam und steigt in der darauffolgenden Woche aus der Tätigkeit in der Apotheke aus. Sie möchte, daß ihr Leben Ewigkeitswert hat. Danach folgt eine Phase der Depression und des Zweifels. Reinigung des Herzens kann ein schmerzlicher Prozeß sein (Joh.15,2: „Jede Rebe, die Frucht bringt reinigt er, daß sie mehr Frucht bringe"). Zwei Jahre vergehen. Silke erhält ein tieferes Verständnis vom Leben aus der Gnade. Zur Zeit leitet sie zusammen mit oben erwähnter Postbeamtin einen evangelistischen Frauenkreis. Sie ist in der Sonntagsschularbeit tätig und übt darüber hinaus Barmherzigkeit, wo Menschen in Not sind. Silke erkennt auch schrittweise, daß der Herr ihr mehrere Gaben geschenkt hat, die sich in der Leitung einer christlichen Bücherstube gut kombinieren ließen. Nun betet sie um eine konkrete Führung. Gabengemäßer Einsatz bringt Lebenserfüllung.

Literaturempfehlung:
Wanda Sanseri: „Kostbarer als Korallen", Trainingskurs für Frauen, Christliche Literatur-Verbreitung e.V. Bielefeld, deutsche Ausgabe 1993

6. Gemeindezucht

Tut hinaus!
1. Kor. 5, 13b

6. GEMEINDEZUCHT

Dieses Thema wird in vielen christlichen Kreisen theologisch und praktisch aus dem Gemeindeleben ausgeklammert. Folgende Ursachen lassen sich aufzählen:

„a) Das Problem der Gemeindezucht besteht, weil es seit Jahrhunderten große Volkskirchen gibt, in denen Gemeindezucht gar nicht geübt werden sollte und konnte. Jeder hat das Recht, von klein auf aufgenommen zu werden. Diese geschichtliche Last darf jedoch eine Gemeinde nicht daran hindern, das zu tun, was Jesus Christus gelehrt hat.

b) Das Problem der Gemeindezucht besteht, weil sie sich gegen den herrschenden Zeitgeist, den Geist der Toleranz, richtet. Diese Toleranz wird oft mit Liebe verwechselt. In der Welt ist es völlig selbstverständlich, daß alles geduldet wird und alles erlaubt ist.

Im Gegensatz dazu wird die Gemeinde deutlich machen müssen, daß sie zwar einen Herrn hat, der ein liebender und barmherziger Gott ist, daß aber dieser Gott zugleich ein absolut heiliger Gott ist, vor dem sich jeder zu verantworten hat.

c) Das Problem der Gemeindezucht besteht, weil der Glaube in den Gemeinden zu sehr Privatsache geworden ist.

Die Bibel kennt allerdings keinen privaten Glauben. Glaube findet immer vor den Augen der Welt und in der Gemeinschaft mit gläubigen Geschwistern statt."[76]

Jeder Christ, der an der verbalen Inspiration (d.h.: ich nehme ihre Aussagen grundsätzlich wörtlich) der Schrift festhält, kann sich der klaren Weisung zur Gemeindezucht nicht entziehen. Gerade Frauen mit barmherzigen Wesen müssen sich dieser Wahrheit stellen. Sie laufen sonst Gefahr, gegen Gemeindebeschlüsse dieser Art zu rebellieren und im Hintergrund Schaden anzurichten.

Schon einleitend sei festgehalten, daß sich hinter dieser unbarmherzig scheinenden Anordnung tatsächlich Gottes Liebe verbirgt, die ein verirrtes „Schäflein" vom falschen Weg zurückführen will. Anders ausgedrückt: Gemeindezucht ist eine liebende Maßnahme des Vaters im Himmel, der seine Kinder zu ihrem Besten auch straft.

Hebr.12,5-7: „Mein Sohn, achte nicht gering des Herrn Züchtigung, und ermatte nicht, wenn du von ihm gestraft wirst! Denn wen der Herr liebt, den züchtigt er; er schlägt aber jeden Sohn, den er aufnimmt. Was ihr erduldet, ist zur Züchtigung: Gott behandelt euch als Söhne. Denn ist der ein Sohn, den der Vater nicht züchtigt? Wenn ihr aber ohne Züchtigung seid, deren alle teilhaftig geworden sind, so seid ihr Bastarde und nicht Söhne."

Biblische Wahrheiten

1.Kor.5,13b: „Tut den Bösen von euch selbst hinaus!"

6.1 Das Hinwegtun der Sünde im Alten Bund

Gemeindezucht wurde bereits im Alten Testament vorgeschattet. An vielen Stellen forderte Gott:

5.Mo.13,6b: „Du sollst das Böse aus deiner Mitte wegschaffen."

Gott wußte um die Ansteckungsgefahr der Sünde. Deswegen verbot er toleranten Umgang mit ihr. Sünde mußte radikal ausgerottet werden. Bei der Aufforderung, „Du sollst das Böse aus deiner Mitte wegschaffen", wurde der schuldige Jude mittels Todesstrafe aus dem Volk Israel weggenommen.

6.1.1 Anlässe für das Hinwegtun der Sünde *

- **falsche Prophetie**, die das Volk zum Abfall von Gott verführte (5.Mo.13,2-6)
- **Götzendienst** (z.B. Himmelsanbetung) (5.Mo.17,2-7)
- **Rebellion** gegenüber geistlichen und politischen Führern (5.Mo.17,12)
- **Falsches Zeugnis** oder **Lüge** (5.Mo.19,16-19)
- **Ungehorsam widerspenstiger Söhne** (5.Mo.21,18-21)
- **sexuelle Sünden von Männern und Frauen** (3.Mo.18+20; 5.Mo.22,13-27)
- **Sklavenhandel** (5.Mo.24,7) usw.

Vollständige Aufzählung in Walter Nitsche/ Benedikt Peters: „Dämonische Verstrickung - Biblische Befreiung", Schwengeler Verlag, Dillenburg 1997, S. 36+37.

6.1.2 Zielsetzung für das Hinwegtun der Sünde

Die Israeliten waren Gottes auserwähltes Volk. Das verpflichtete die Juden zu einem heiligen Wandel.
3.Mo.19,2: „Ihr sollt heilig sein, denn ich, der Herr, euer Gott, bin heilig."

Ein heiliger Wandel des Volkes repräsentierte nach außen Gottes Ehre vor den Heidenvölkern.
Jes.48,10+11: „Ich habe dich geprüft im Schmelzofen des Elends. Um meinetwillen, um meinetwillen will ich es tun - denn wie würde mein Name entweiht werden -, und meine Ehre gebe ich keinem andern."

Ein heiliger Wandel des Volkes beeinflußte nach innen den Sieg über die Feinde.
Jos.7,13: „So spricht der Herr, der Gott Israels: Gebanntes ist in deiner Mitte, Israel. Du wirst vor deinen Feinden nicht bestehen können, bis ihr das Gebannte aus eurer Mitte ausrottet."

6.2 Das Hinwegtun der Sünde im Neuen Bund

Die Gemeinde („Ekklesia" = „die Herausgerufenheit") ist wie das jüdische Volk eine besondere Körperschaft, abgesondert von dieser Welt. Sie ist identisch mit dem Leib Christi und soll wie Israel die Heiligkeit Gottes widerspiegeln. Deswegen behält Gott das Prinzip der radikalen Trennung von offenkundiger Sünde auch im Neuen Bund bei.

6.2.1 Anlässe für die Gemeindezucht

- **1.Kor.5,1: grobe Unsittlichkeit:** z.B.: blutschänderischer Verkehr
- **1.Kor.5,11: Unzucht:** jegliche Form sexueller Sünde (vor- u. außerehelicher Geschlechtsverkehr, Homosexualität, Sodomie)

Habsucht: Leben über die eigenen Lebensverhältnisse
Götzendienst: Anbetung von Statuen, Süchte jeglicher Form
Trunksucht: regelmäßiger betrunkener Zustand
Diebstahl: Unterschlagung von Geld
Lästerung: vorsätzliches böses Reden gegen einen Gläubigen

- **Mt.18,15-17: Ungelöste persönliche Konflikte:** „Wenn dein Bruder an **dir** sündigt ...“
- **Tit.3,9-11, Röm.16,17: Parteiungen und Ärgernisse:** Gefährdung der Einheit durch Überbetonung untergeordneter Lehren
- **1.Tim.1,19b-20: Gotteslästerung:** Irrlehre

Diese Anlässe führen dann zur Gemeindezucht, wenn der Betroffene nicht Buße tut. Folglich gibt es nur einen einzigen wirklichen Grund für notwendige Gemeindezucht: die Unbußfertigkeit eines Menschen.

6.2.2 Zielsetzung der Gemeindezucht

a) Wiederherstellung und Rettung des Gläubigen

1.Kor.5,4+5: „... wenn ihr und mein Geist mit der Kraft unseres Herrn Jesus versammelt seid, einen solchen im Namen unseres Herrn Jesus Christus dem Satan zu überliefern zum Verderben des Fleisches, damit der Geist errettet werde am Tag des Herrn.“

1.Tim.1,20: „... unter welchen Hymenäus ist und Alexander, die ich dem Satan überliefert habe, damit sie zurechtgewiesen werden, nicht zu lästern.“

1.Kor.11,32: „Wenn wir vom Herrn gerichtet werden, so werden wir gezüchtigt, damit wir nicht mit der Welt verurteilt werden.“

Der große Unterschied zwischen Altem und Neuem Testament besteht im Umgang mit dem Schuldigen. Das Züchtigungsmittel ist nicht mehr die Todesstrafe. Der unbußfertige Gläubige wird durch das Hinausstoßen in die Welt dem Satan ausgeliefert. Dieser kann sein „Fleisch verderben", was unter Umständen auch den Tod des Betreffenden bedeutet. Es ist schwerwiegend, den Schutzraum der Gemeinde verlassen zu müssen.

Doch Gott hat mit der Gemeindezucht die ewige Rettung des Sünders im Blick. Sie ist eine der zahlreichen Maßnahmen, die er trifft, um seine Kinder sicher ans Ziel zu bringen.

b) Bewahrung des guten Rufes des Evangeliums vor den Ungläubigen

1.Kor.5,1+2: „Überhaupt hört man (es ist offenbar vor allen Leuten), daß Unzucht unter euch sei, die selbst unter den Nationen nicht stattfindet: daß einer seines Vaters Frau habe. Und ihr seid aufgeblasen und habt nicht vielmehr Leid getragen, damit der, welcher diese Tat begangen hat, aus eurer Mitte hinweggetan würde."

Wie beim Volk Israel verfolgt Gott mit der Gemeindezucht das Ziel, die Heiligkeit der Gemeinde vor den Augen der Welt zu wahren. Gemeindezucht ist also auch für die Ungläubigen notwendig. „Wie soll ein Außenstehender merken, daß es einen Unterschied zwischen Glauben und Unglauben gibt? Dabei geht es nicht um eine sündlose und fehlerlose Gemeinde. Es geht vielmehr darum, daß die Gemeinde etwas von der Heiligkeit Gottes widerspiegelt, die durch den Ausschluß zum Ausdruck kommt. Wenn Buße geschieht, merken die Menschen, daß es hier nicht um bloßes Gerede geht."[77]

c) Bewahrung der Gemeinde vor der Ansteckungsgefahr der Sünde

1.Kor.5,6+7: „Wißt ihr nicht, daß ein wenig Sauerteig den ganzen Teig durchsäuert. Fegt den alten Sauerteig aus, damit ihr ein neuer Teig seid, wie ihr ja bereits ungesäuert seid."

1.Tim.5,20: „Die da sündigen (in dem Fall sind es Älteste), weise vor allen zurecht, damit auch die übrigen Furcht haben."

„Die Bibel spricht vom Sauerteig, der um sich frißt, wenn Sünde ganz offen in der Gemeinde geduldet wird. Es besteht Ansteckungsgefahr."[78] Gemeindezucht hat deswegen als Abschreckung auch Schutzcharakter für alle anderen Gläubigen und fördert somit die Heiligung der Gemeinde. Als Folge davon wird Satans Einfluß gehindert (2.Kor.2,11).

6.2.3 Vorgehensweise bei der Ausübung der Gemeindezucht

„a) Erster Schritt:

Mt.18,15: ‚Wenn aber dein Bruder sündigt, so gehe hin, überführe ihn zwischen dir und ihm allein.'
Wenn möglich, soll die Sache im kleinen Rahmen bereinigt werden.

b) Zweiter Schritt:

Mt.18,16: ‚Wenn er aber nicht hört, so nimm noch einen oder zwei mit dir, damit aus zweier oder dreier Mund jede Sache bestätigt werde.'

2.Kor.13,1: ‚Zum dritten Mal komme ich jetzt zu euch: durch zweier oder dreier Zeugen Mund wird jede Sache festgestellt werden' (vgl. auch 5. Mose 19,15).

Die Zeugen haben die Aufgabe, alles, was im Gespräch gesagt wird, zu beurteilen. Auf das Überprüfen der Details legt der Herr deshalb wert, weil manchmal auch falsche Motive bei Brüdern vorherrschen können, die ‚Gemeindezucht ausüben' möchten.

c) Dritter Schritt:

Mt.18,17a: ‚Wenn er aber nicht auf sie hören wird, so sage es der Gemeinde.'
Das richtige Forum ist die Gemeinde. Ein Gemeindeausschluß ist ein Ausschluß durch die ganze Gemeinde und nicht allein die Entscheidung der Ältesten. Die einzelnen Gemeindeglieder hören die Zeugenaussagen. Da-

raufhin distanziert sich die Gemeinde von der Sünde in ihrer Mitte und damit von dem nicht umkehrwilligen Sünder.

d) Vierter Schritt:

Mt.18,17b: ‚Wenn er aber auch auf die Gemeinde nicht hören wird, so sei er dir wie der Heide und der Zöllner.'

1.Kor.5,11: ‚Nun aber habe ich euch geschrieben, keinen Umgang zu haben, wenn jemand, der Bruder genannt wird, ein Unzüchtiger ist oder ein Habsüchtiger oder ein Götzendiener oder ein Lästerer oder ein Trunkenbold oder ein Räuber, mit einem solchen nicht einmal zu essen.'
Dem Christ, der nicht zur Buße bereit ist, wird die Gemeinschaft der Glaubenden durch den Ausschluß entzogen. Da für den Vollzug der Gemeindezucht die gesamte Gemeinde zuständig ist, sollen sich alle Gläubigen an die Konsequenzen dieser Maßnahme halten."[79]

1.Joh.5,16: „Wenn jemand seinen Bruder sündigen sieht, eine Sünde nicht zum Tod, soll er bitten, und er wird ihm das Leben geben, denen, die nicht zum Tode sündigen. Es gibt Sünde zum Tod; nicht im Hinblick auf sie sage ich, daß er bitten solle."
Nach Dr. Arnold Fruchtenbaum ist die Sünde, die zum Tode (zum Verderben des Fleisches) führen kann, die Unbußfertigkeit. Sie erfordert den Ausschluß aus dem Schutzraum der Gemeinde. Nach seiner Erkenntnis soll für diesen Gläubigen nach vollzogener Gemeindezucht auch nicht mehr gebetet werden.

6.2.4 Funktion der Ältesten bei der Gemeindezucht

Tit.3,10: „Einen sektiererischen Menschen weise nach einer ein- und zweimaligen Zurechtweisung ab, da du weißt, daß ein solcher verkehrt ist und sündigt und durch sich selbst verurteilt ist."

Die Hauptaufgabe leitender Brüder ist die Bewahrung der Einheit und Lehre in der Gemeinde. Es ist ihre Verantwortung, sektiererischen Menschen (sie versuchen mittels Kontroversen, Leute hinter sich herzuziehen) und Irrlehrern (sie zerstreuen die „Herde" in dem sie ein „Schaf" ins Visier nehmen und es mit ihrer Irrlehre „erbeuten") Einhalt zu gebieten. Fred Colvin schreibt: „Das erste Mal bekommt der sektiererische Mensch ‚Gelb', und wenn er wieder anfängt, ‚Rot'. Man kann keine Gemeindeversammlung einberufen und solch einer verdrehten Person auch noch ein Forum für seine verkehrten Ansichten geben. Unter Umständen steht schon ein Teil der Gemeinde unter seinem Einfluß. Matthäus 18 behandelt nicht Spaltungen und lehrmäßige Abweichungen. Da es bei Gemeindezucht eines Sektierers oder Irrlehrers nicht nur um das Wohl eines Sünders, sondern auch um den Schutz der Gemeinde geht, ist der Ausschluß bereits nach der zweiten Ermahnung durchzuführen."[80]

6.2.5 Auswirkungen der Gemeindezucht

„Da alle wiedergeborenen Christen zu einem Leib gehören, ist ein Gemeindeausschluß nicht rein örtlicher Natur. Wenn im Auftrag des Himmels gelöst und gebunden wird (Mt.18), muß der Ausschluß von anderen Gemeinden anerkannt werden, da auch sie in der Gemeinschaft mit dem Himmel stehen. Die Gemeinde ist eins, und diese Einheit besagt, daß Urteilsbeschlüsse gegen offenkundige Sünde gegenseitig bejaht werden müssen. Menschliche Barmherzigkeit ist hier fehl am Platz.

Bei Anfragen zur Verbindlichkeit eines Ausgeschlossenen soll Kontakt mit den Ältesten der ausschließenden Gemeinde aufgenommen werden. Stellt sich nach sorgfältiger Prüfung anhand von Zeugenaussagen heraus, daß der Zuchtbeschluß ungerechtfertigt war, muß die andere Gemeindeleitung über die Aufnahme des Ausgeschlossenen schriftlich informiert werden. Es ist wichtig, die Ernsthaftigkeit von Gemeindezucht in den Augen der Geschwister nicht herabzusetzen" (aus einem persönlichen Brief von Fred Colvin, Salzburg, März 1998).

6.2.6 Vergebung und Wiederherstellung

2.Kor.2,6ff: „Dem Betreffenden genügt diese Strafe von den meisten, so daß ihr im Gegenteil vielmehr vergeben und ermuntern solltet, damit der Betreffende nicht etwa durch übermäßige Traurigkeit verschlungen werde. Darum ermahne ich euch, zu beschließen, ihm gegenüber Liebe zu üben."

„Kehrt der Ausgestoßene von seinem sündigen Weg um, wird er wieder herzlich in die Gemeinschaft der Gläubigen, sprich in die Gemeinde, aufgenommen. Echte Buße, wie sie in 2.Kor.7 beschrieben wird, ist also Voraussetzung, um den Betroffenen wieder einzugliedern."[81]

Biblische Beratung

a) Ursache für einen Gemeindezuchtsbeschluß ist die unbußfertige Haltung eines Gläubigen bezüglich einer sündigen Tat beziehungsweise eines offenkundigen, sündigen Verhaltens.

b) Der Gott der Barmherzigkeit (2.Kor.1,3) verlangt von der Ortsgemeinde diesen undankbaren und schweren Dienst der Gemeindezucht. Sie entspringt nicht irgendwelchen harten Motiven, falschem Rechtsdenken, Machtpolitik, Eifersucht oder Hochmut, sondern der Liebe und Barmherzigkeit.

c) Es geht um das Wohl des Sünders. Die Absicht der Gemeindezucht ist demnach, den irrenden Gläubigen zu gewinnen. Es ist die letzte Möglichkeit, die Jesus Christus der Gemeinde gibt, um ein in Sünde gefallenes Gemeindeglied zurückzuholen.

d) Menschliche Barmherzigkeit lehnt sich häufig gegen diese intolerante Maßnahme auf. Schon in der Gemeinde in Korinth trugen nicht alle Gläubigen den Ausschluß eines Gemeindegliedes mit (2.Kor.2,6-7).

e) Göttliche Anordnungen dürfen nicht menschlicher Barmherzigkeit geopfert werden (Offb.22,19). Ein geistlicher Christ soll hadernde Gemeindeglieder an der Stelle vor menschlichem Mitgefühl warnen.

Kernsätze

> **Biblisches Prinzip:**
> **Gott schützt die Heiligkeit der Gemeinde.**
> **Biblische Anweisung:**
> **„Es ist die Pflicht der Ortsgemeinde, nach Gottes Willen**
> **Gemeindezucht zu üben."[82]**

Fallbeispiel 1

In einer Gemeinde kommt es nach langer Zeit des geduldigen Ermahnens zum Ausschluß von zwei Gläubigen, die ein Verhältnis miteinander haben. Der Mann ist verheiratet und hat drei Kinder. Die Gemeinde steht nicht hinter dieser Zuchtmaßnahme. Der Missionar hat es schwer, in der kleinen Gemeinde seinen Dienst weiter fortzusetzen. Nach mehreren Jahren scheinbar vergeblichen Mühens gibt der Missionar auf und zieht weg. Dieses Beispiel lehrt, wie das Leiden im Kampf um biblische Prinzipien konkret werden kann.

Fallbeispiel 2

Marias Mann begeht Ehebruch und reicht die Scheidung ein. Maria will das Alleinsein und die Verantwortung für ihre beiden Kinder nicht tragen. Bald darauf befreundet sie sich mit einem ungläubigen Mann. Er zieht zu ihr in die Wohnung. Es werden Gespräche mit Maria geführt und ihr bei konsequenter Trennung von ihrem Freund die praktische Unterstützung von der Gemeinde versichert. Leider ist Maria das zeitliche Glück wichtiger, als mit Hilfe der Gemeinde die von Gott zugelassene Last zu tragen. Es kommt zum Ausschluß. Ein gläubiges Ehepaar ist über diese „Unbarmherzigkeit und Lieblosigkeit", ja diesen Richtgeist, sehr empört und wiegelt andere Gläubige auf. Ein Bruder verläßt deswegen die Gemeinde. Um weiteren Schaden zu verhindern, wird auch das Ehepaar aufgefordert, der Gemeinde fern zu bleiben. Dieser Bericht zeigt, daß eine Gemeinde sogar zugrunde gerichtet werden kann, wenn Christen menschliche Barmherzigkeit über biblische Grundsätze stellen.

Fallbeispiel 3

Monika lebt schon längere Zeit mit ihrem ungläubigen Freund zusammen. Nach eineinhalb Jahren langen Ringens der Gemeinde um ihren Gehorsamsweg wird sie gebeten, der Gemeinde fern zu bleiben.

Einige sehr barmherzige Frauen verkraften diese Zuchtmaßnahme zunächst nur schwer. Wieder hätte in der Gemeinde großer Schaden angerichtet werden können, wenn Christen gegen diese Anweisung Gottes rebelliert hätten. Unruhe, Unfrieden, vielleicht sogar Spaltung wären das Ergebnis gewesen. Aber dem Herrn sei Dank, alle Frauen haben die biblische Wahrheit über die Notwendigkeit des Ausschlusses bei Unzucht akzeptiert. So schwer das Ausüben der Gemeindezucht auch ist, Gott stellt sich dazu. Am Tag des Ausschlusses von Monika bekehrt sich die Mutter eines gläubigen Ehepaares aus der Gemeinde. Werden da nicht geistliche Zusammenhänge deutlich? Wachstum der Gemeinde nach außen hängt ganz entscheidend von der Heiligung nach innen ab. An dem Ort, wo Gottes Heiligkeit wohnt, muß es heilig zugehen.

Fallbeispiel 4

Elfriede verläßt eine streng geprägte Gemeinde. Sie ist dort wegen zu kurzer Haare „bezeichnet" worden (2.Thess.3,14). Sie nimmt in der Folgezeit regelmäßig an unseren Veranstaltungen teil und beginnt im Hintergrund Sonderlehren zu verbreiten. Nach zweimaliger Ermahnung verbietet ihr der Gemeindegründer, weiterhin die Veranstaltungen zu besuchen.

Fallbeispiel 5

Barbara, eine gläubige Frau, kann den neu eingeschlagenen Kurs ihrer Gemeinde nicht mehr mittragen. Sie versucht andere Gemeindeglieder durch Schriften und Kassetten von den Gefahren der „fragwürdigen" Gemeinde-Strategie zu informieren und zu warnen. Es kommt zu Parteiungen. Die Gemeinde verliert die Einheit und zieht in bezug auf Gemeindestrukturen nicht mehr an einem Strang. Barbara wird mehrmals ermahnt. Es wird ihr auch üble Nachrede gegenüber einem Ältesten angelastet. Eine Gemeindeversammlung wird einberufen. Die Gemeindeglieder schließen Barbara wegen Parteigeist und Unbußfertigkeit aus der Gemeinde aus. Nun versucht sie in einer Nachbargemeinde, die ihr lehrmäßig gerade in den strittigen Punkten näher liegt, Anschluß zu bekommen. Die Ältesten der Nachbargemeinde nehmen Kontakt mit den Brüdern der ausschließenden Gemeinde auf. Obwohl die lehrmäßigen Gründe für eine Aufnahme sprechen, wird der Zuchtbeschluß wegen des sündigen Verhaltens, über das nicht Buße getan wurde, respektiert. Barbara wird das Kommen verwehrt.

7. Das biblische Prinzip der Absonderung

Geht hinaus!

2. Kor. 6, 17

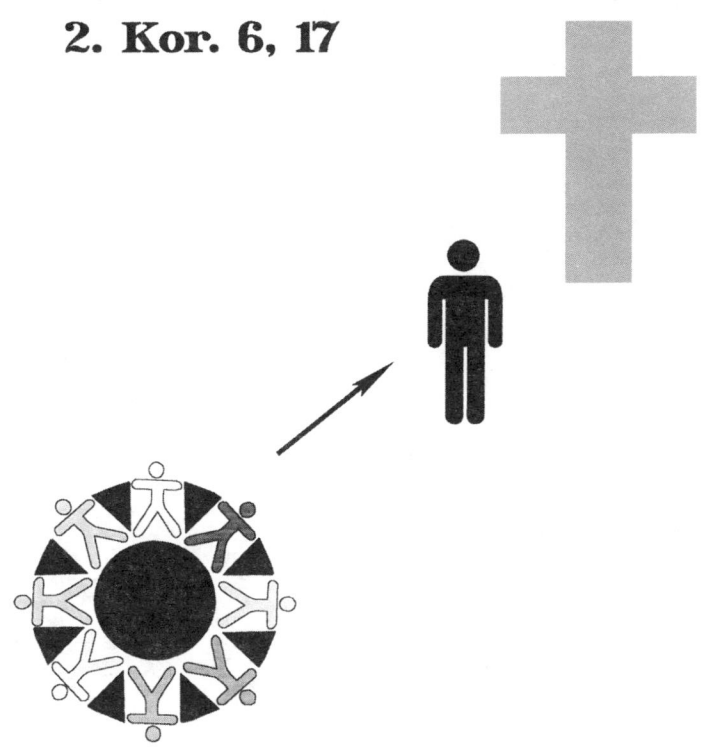

7. DAS BIBLISCHE PRINZIP VON DER ABSONDERUNG

Tolerantes Verhalten gegenüber Andersgläubigen, ökumenische Einheitsbestrebungen, sprich die religiöse Vermischung unserer Zeit, erschweren heute einem wiedergeborenen Christen, die biblische Anordnung von der Absonderung zu akzeptieren und zu praktizieren.

Dr. Saturnin Wasserzug schreibt: „Es gibt heute eine große Versuchung Satans zur Arbeitsgemeinschaft mit den Ungläubigen oder mit Gläubigen, die in Irrlehre gefallen sind. Es ist so verlockend, eine große, weltweite Vereinigung aller zu schaffen, die noch irgendwie ein christliches Glaubensbekenntnis anerkennen, auch wenn sie Wesentliches der biblischen Lehre ausstreichen oder anderes hinzufügen. Man möchte ‚Einheit‘ um jeden Preis, und man produziert die Imitation, ‚die Vereinigung‘.
Doch die ‚Vereinigung‘ mit allen möglichen Lehren ist heute der größte Feind der wahren ‚Einheit‘."[83]
Gott möchte mit seiner Aufforderung zur Absonderung keinen Exklusivclub der Gläubigen bilden. Er weiß jedoch am allerbesten, durch welche Prinzipien des Gemeindebaus der Name Jesu Christi in der Gemeinde und vor der Welt am meisten verherrlicht wird. Gott ermutigt seine Kinder nur zu einer Absonderung, die von seinem inspirierten Wort her begründet werden kann.

Biblische Wahrheiten

Gottes Anweisungen zum Thema „Einheit und Trennung" sind klar:

7.1 Kriterien für eine biblische Einheit

„Es besteht eine wahre Einheit aller Gläubigen, die durch Bekehrung und Wiedergeburt in Jesus Christus verbunden sind (weltweiter Leib Christi).
Diese Einheit beruht auf sieben Grundwahrheiten (gemeinsames Glaubensbekenntnis), denen alle zustimmen:

Eph.4,3-6: ‚Befleißigt euch, die Einheit des Geistes zu bewahren durch das Band des Friedens. Ein Leib und ein Geist, wie ihr auch berufen worden seid in einer Hoffnung eurer Berufung. Ein Herr, ein Glaube, eine Taufe, ein Gott und Vater aller, der über allen und durch alle und in allen ist.'

Ein **Leib**: das eine gemeinsame Leben in Christus
Ein **Geist**: der eine Heilige Geist, der in den Christen wirkt
Eine **Hoffnung**: das eine Ziel, Jesus Christus zu begegnen
Ein **Herr**: der eine Herr Jesus Christus, die Mitte des Glaubens
Ein **Glaube**: der eine Glaubensinhalt von Kreuz und Auferstehung
      (Röm.10,9+10; 1.Kor.15,3-4; 1.Tim.3,16)
Eine **Taufe**: das eine Getauftsein in den Tod Jesu (Röm.6,4) und damit in
      den Leib Jesu Christi (1.Kor.12,13)
Ein **Gott und Vater**: die eine gemeinsame, weltumspannende Familie."[84]

Diese Einheit muß vor allem innerhalb der Ortsgemeinde bewahrt werden.
1.Kor.1,10: „Ich ermahne euch aber, Brüder, durch den Namen unseres Herrn Jesus Christus, daß ihr alle einerlei Rede führt und nicht Spaltungen unter euch seien, sondern daß ihr in demselben Sinn und in derselben Meinung völlig zusammengefügt seiet."

Sie darf nicht zerstört werden durch:
„- Sektierertum: die eigene Erkenntnis in Nebenwahrheiten als allein richtig zu sehen
- Spezialistentum: den eigenen Auftrag als den allein maßgeblichen zu erklären
- Gesetzlichkeit: den eigenen Frömmigkeitsstil als den allein wahren hinzustellen
- Richtgeist: die eigene Meinung als die allein richtige darzustellen
- Parteigeist: sich in Fragen des Glaubens vor allem an Menschen zu orientieren

Diese Werke des Fleisches fördern das Entstehen von Parteiungen (1.Kor.1,11+12; Gal.5,20+21), die, wie bereits besprochen, zur Gemeindezucht führen können.

Zusammenfassend sei festgehalten, daß Einheit, wie die Bibel sie versteht, keine weltweite Einheit aller christlichen Konfessionen oder Kirchen ist. Die Bestrebungen, die von vielen führenden Gremien christlicher Kirchen angedacht werden, sind deswegen eine ‚gemachte Einheit‘ ohne die geistlichen Grundlagen von Eph.4,1-6. Sie können nur zu ‚Organisationen‘ führen, haben aber nichts mit dem lebendigen Organismus des Leibes Jesu Christi zu tun. "[85]

7.2 Kriterien für eine biblische Absonderung

7.2.1 Gott verbietet die Vermischung mit Ungläubigen

2.Kor.6,14-18: „Geht nicht unter fremdartigem Joch mit Ungläubigen. Denn welche Verbindung haben Gerechtigkeit und Gesetzlosigkeit? Oder welche Gemeinschaft Licht und Finsternis? Und welche Übereinstimmung Christus mit Belial? Oder welches Teil ein Gläubiger mit einem Ungläubigen? Und welchen Zusammenhang der Tempel Gottes mit Götzenbildern? Denn wir sind der Tempel des lebendigen Gottes; wie Gott gesagt hat: „Ich will unter ihnen wohnen und wandeln, und ich werde ihr Gott sein, und sie werden mein Volk sein. Darum geht aus ihrer Mitte hinaus und sondert euch ab, spricht der Herr, und rührt nichts Unreines an, und ich werde euch annehmen und werde euer Vater sein, und ihr werdet mir Söhne und Töchter sein, spricht der Herr, der Allmächtige.“

„Wo keine Einheit im Heiligen Geist ist, da soll auch keine Vereinigung sein. Deswegen ist die Allianz mit Ungläubigen, die den Weg der Bekehrung und Wiedergeburt nicht gehen wollen und darum auch den Heiligen Geist nicht empfangen haben, die große Gefahr für die Gemeinde.“[86]

7.2.2 Gott verbietet die Vereinigung mit dem Namenschristentum

2.Tim.3,5: „... die eine Form der Gottseligkeit haben, deren Kraft aber verleugnen; von diesen wende dich weg.“

Der englische Christ Charles Haddon Spurgeon lehrte: „Nichts hat die Einheit der wahren Gläubigen so stark gefördert wie der Bruch mit den falschen. Trennung von solchen, die fundamentale Irrtümer gewähren lassen oder das Brot des Lebens den verderbenden Seelen vorenthalten, ist keine Spaltung, sondern nur das, was die Wahrheit, das Gewissen und Gott von allen erwarten, die treu erfunden werden wollen. Sich mit dem Irrtum einzulassen, macht es dem besten Menschen unmöglich, gegen ihn vorzugehen."[87]

Es liegt in der Natur des Evangeliums, daß es auf der einen Seite vereint und auf der anderen Seite spaltet (1.Kor.11,19).

7.2.3 Gott verbietet die Zugehörigkeit zu falschen religiösen Systemen

Hebr.13,13: „Deshalb laßt uns zu ihm hinausgehen, außerhalb des Lagers, und seine Schmach tragen."

Der Schreiber fordert die klare Trennung vom organisierten Judentum, weg von den Tempelopfern, hin zu dem vollendeten Opfer Jesu Christi.

Heute gehört zu diesem „Lager" das gesamte religiöse System, das Christus nur als nachahmenswertes Vorbild sieht und die Erlösung durch Werke, Rituale und Vorschriften verspricht.

Der einzelne Christ muß nun vor Ort entscheiden, ob in seiner Gruppierung die Basis für die geistliche Einheit vorhanden ist, oder ob Gott aus eben angeführten Gründen eine Trennung fordert. Hier ist die Information über die heute aktuellen Lehrinhalte unbedingt notwendig. Auch wenn ein religiöses System in seinen Ursprüngen bibeltreu war (z.B. das Bekenntnis Martin Luthers: „solus Christus, sola gratia, sola scriptura, sola fide"), muß seine weitere Entwicklung an der Heiligen Schrift geprüft werden.

7.3 Einige falsche Lehraussagen der beiden Volkskirchen

7.3.1 Unbiblische Lehren der römisch-katholischen Kirche

Glaubensschwur der Konzilsväter zu Beginn des II. Vatikanischen Konzils im Jahr 1962:

„Ich bekenne, daß sich in der Messe ein wirkliches Sühnopfer für die Lebendigen und die Toten vollzieht ... Ich halte daran fest, daß es ein Fegefeuer gibt ... Ich glaube auch fest, daß man die Heiligen, die mit Christus regieren, verehren und anrufen muß ... Ich anerkenne die heilige, römisch-katholische, apostolische Kirche als Mutter und Lehrerin aller Kirchen ... Desgleichen verdamme, verwerfe, und erkläre ich alles für verflucht, was dazu im Widerspruch steht, alle falschen Lehren, welche die Kirche verdammt, verworfen und für verflucht erklärt hat ..."[88]
Diese Dogmen sind bis heute gültig.

7.3.2 Unbiblische Lehren der evangelischen Kirche

Leugnung der Jungfrauengeburt und der leiblichen Auferstehung Jesu, Taufwiedergeburtslehre, feministische Umdeutung der Bibel, Entmythologisierung der Heiligen Schrift, Verspottung der biblischen Moral (z.B. Trauung Homosexueller), Barth'scher Objektivismus, u.a.m.

Diese knappe Aufzählung von falschen Lehren genügt, um einen Jünger Jesu, der dem Worte Gottes gehorsam sein möchte, aufzufordern, die Staatskirchen zu verlassen.

7.4 Einige Einwände gegen eine Absonderung

Leider gibt es in evangelikalen Kreisen viele menschlich-barmherzige Ratgeber, die zum Ausharren in den genannten religiösen Systemen ermutigen.
Folgende Gründe werden angeführt:

- Gott hat in den Kirchen viel Segen geschenkt.
- Die missionarischen Möglichkeiten innerhalb der Kirche sind viel effektiver.
- Dem gläubigen Pfarrer in der Gegend muß man noch den Rücken stärken.
- Jugendliche wären ohne Betreuung, wenn man als Mitarbeiter aussteigen würde.

- Es ist verantwortungslos, das sinkende Schiff zu verlassen.
- Man muß sich für die Verbesserung der Zustände in der Kirche einsetzen.
- Es wäre Verrat, die Treue zu den geistlichen Vätern aufzugeben.
- Man muß auf Familienangehörige innerhalb der Kirche Rücksicht nehmen.
- Kirchenaustritte fördern nur die Zersplitterung des Leibes Jesu.
- Gott sucht brennende Menschen und nicht perfekte Strukturen.
- Separatismus führt zum geistlichen Hochmut.

7.5 Hindernisse für eine biblisch gebotene Trennung

7.5.1 Verlust der Anerkennung

Joh.12,42b-43: „... wegen der Pharisäer bekannten die Obersten Jesus nicht, damit sie nicht aus der Synagoge ausgeschlossen würden, denn sie liebten die Ehre bei den Menschen mehr als die Ehre bei Gott."

Was hinderte die gläubig gewordenen Obersten der Juden zur Zeit Jesu an der Absonderung? Es war die Angst vor der Schmach Christi und dem Ehrverlust vor den Menschen, die sie zum Verbleiben in der Synagoge veranlaßte.

Die Kirchengeschichte zeigt jedoch, daß Nachfolger Jesu für biblische Edelsteine wie „ein gutes Gewissen, Wahrheitstreue und Liebe zu Gott" sogar Verlust des Eigentums, Kerker und Tod erduldet haben.

7.5.2 Verlust der emotionalen Geborgenheit

Einer Frau fällt der Schritt der Trennung besonders schwer. Ihre Beziehungsfähigkeit führt in der Regel zu intensiveren emotionalen Bindungen innerhalb einer Gruppe. Deswegen braucht sie meistens mehr Ermutigung, um sich von einem falschen System lösen zu können.

Biblische Beratung

a) In der Heiligen Schrift wird eine Christ nicht ermutigt, in unbiblischen Systemen auszuharren. Er wird vielmehr aufgefordert, solche zu verlassen.

b) Die biblische Wahrheit: „Geht aus ihrer Mitte hinaus!" ist ein deutliches Gebot in Gottes Wort. Um die Folgen wird sich Gott selbst kümmern. Der Christ braucht nur gehorsam zu sein.

c) Gott segnet, wenn aus dankbarer Liebe zu ihm seinen Prinzipien gedient und nicht menschlichen, scheinbar barmherzigen Argumenten gefolgt wird.

d) Schlichter Gehorsam wird den lebendigen Gott mehr verherrlichen als ein Weg voller unbiblischer Kompromisse.

e) Konsequente Nachfolge wird die Glaubwürdigkeit und die Gebräuchlichkeit für den Herrn fördern.

f) Couragierte Trennung wird die Glückseligkeit eines christusgemäßen Wandels steigern.

g) Die Haltung gegenüber wiedergeborenen Geschwistern, die in solchen Systemen leben, darf aber niemals hochmütiges Herabschauen sein.

Kernsätze

> **Biblisches Prinzip:**
> **Gott schützt die wahre Einheit wiedergeborener Christen.**
> **Biblischer Rat:**
> **Trennung vom falschen religiösen System.**
> **„Es ist die eindeutige Pflicht eines ehrlichen Christen,**
> **den Kreis derer zu verlassen, die vorgeben, Christen zu sein,**
> **aber das Wort Gottes verletzen und die Grundlagen**
> **des Evangeliums verwerfen."[89]**

Fallbeispiel 1

„Bis zu meinem 36. Lebensjahr sehe ich mich als gläubige und praktizierende Katholikin. Eine Lebenskrise meines Mannes veranlaßte mich

zur Teilnahme an einem Glaubensgrundkurs. Beim Studium der Bibel erkenne ich mich bald als verlorene Sünderin und nehme daraufhin Jesus
Christus als Herrn und Heiland in mein Leben auf. Mein Mann bekehrt
sich ebenfalls. Begierig lesen wir nun das Wort Gottes. Dabei erkennen wir
mehr und mehr die unbiblischen Praktiken innerhalb der katholischen
Kirche. Die Gewissensnot wird immer größer. Als wir begreifen, daß Jesus
Christus in der Eucharistiefeier jedesmal von neuem geopfert wird, können wir nicht mehr am Abendmahl teilnehmen.

Wir besuchen jedoch weiterhin einen Familienkreis der katholischen
Kirche und versuchen, mit den Katholiken im Gespräch zu bleiben. Doch
im Laufe der Zeit stellen wir erschüttert fest, daß die Bibel nicht die alleinige Grundlage der katholischen Kirche ist, ja daß sogar Teile des Wort
Gottes abgelehnt werden. Schweren Herzens verlassen wir den Kreis und
treten aus der katholischen Kirche aus. Wir haben diesen Gehorsamsschritt nie bereut." (Marion Dietrich, Mannheim)

Fallbeispiel 2

„Ich erteile drei Jahre lang katholischen Religionsunterricht und nütze
die Gelegenheit, den Kindern Jesus Christus und die Bibel lieb zu machen.
Leider kommt keiner meiner Schüler durch den Unterricht und mein
evangelistisches Engagement bei der Mitgestaltung der Heiligen Messe
zum Glauben. Gott macht mir die Trennung vom falschen religiösen System leicht. Nachdem mir - als Sektiererin abgestempelt - die „Missio
canonica" (Befähigung zur Erteilung des Religionsunterrichtes) entzogen
wird, trete ich aus der katholischen Kirche aus. Im Gespräch mit einem
Mönch werde ich noch darauf hingewiesen, daß ich mit dem Verlassen der
allein selig machenden Kirche ewig verloren bin. Das kann jedoch mein
junges Glaubensleben nicht erschüttern. Ich glaube nicht mehr an eine
allein selig machende Kirche, sondern an einen allein selig machenden
Herrn (Apg.4,12: ‚Und es ist in keinem anderen das Heil; denn auch kein
anderer Name unter dem Himmel ist den Menschen gegeben, in dem wir
errettet werden müssen.')." (Sylvia Plock, Mannheim)

Fallbeispiel 3

„Geboren und aufgewachsen bin ich in einem bäuerlich geprägten,
streng katholischen Umfeld. Die Kommunion ist der glanzvolle Eintritt in

das aktive Kirchenleben. Von nun an gehe ich wöchentlich zur Beichte und am Sonntag zum Abendmahl. Ich fühle mich nach jeder Beichte von Sündenlast befreit. Jedoch nach einer Woche ist mein Sündenregister wieder gefüllt, und ich muß wieder zur Beichte, um das Gefühl der Sündenvergebung zu haben. Mit der Zeit beschleicht mich Ausweglosigkeit; denn müßte ich sterben am Ende einer Woche ohne Beichtgelegenheit, würde meine Seele den Himmel nicht schauen. So wünsche ich mehr und mehr, daß es kein ewiges Leben gäbe. Ich werde erwachsen und wende mich der Welt zu, bleibe aber nach außen den kirchlichen Traditionen treu.

Schließlich heirate ich und bekomme mein erstes Kind. Verschiedene Umstände führen mich in eine schwere Lebenskrise. In dieser Zeit nimmt eine Bekannte aus meiner beruflichen Vergangenheit Kontakt mit mir auf. Bald darauf darf ich das unverdiente Gnadengeschenk, durch das Blut Jesu Christi mit Gott versöhnt zu sein, begreifen und annehmen. Es ist unbeschreiblich befreiend für mich, ohne ‚christliche Leistungsstärke‘ ewiges Leben empfangen zu haben.

Nun drängt es mich, diese frohmachende Erkenntnis durch Engagement in der Kirche weiterzugeben. Allmählich stelle ich jedoch fest, daß biblische Lehren durch kirchliche Traditionen verfälscht sind. Als mich der geistige Spagat zwischen praktizierter Kirchenlehre und Bibellehre zerreißt, ziehe ich mich innerlich und äußerlich von der Kirche zurück. In Frieden scheide ich aus der katholischen Kirche aus. Ich freue mich, daß meine Zugehörigkeit zum Leib Christi nicht von der Zugehörigkeit zu einer Denomination abhängt. Letztlich ist mein Weg aus der Kirche ein Weg in die Gemeinde Jesu Christi geworden." (Maria-Klara Gladel-Euler, Mannheim)

Fallbeispiel 4

„Als Prediger innerhalb der Gemeinschaftsbewegung lehre ich nicht das Prinzip von der Absonderung. Nach meinem damaligen Erkenntnisstand rate ich den Gläubigen, den persönlichen Wirkungsbereich innerhalb ihrer Kirchen solange wie möglich zu nutzen.

1990 praktiziere ich jedoch selbst die Trennung von falscher Lehre. Ich trete aus der Landeskirche aus. Dieser Gehorsamsschritt öffnet mir in bezug auf biblische Grundsätze des Gemeindebaus die Tür zu neuer Schrifterkenntnis. Damit endet auch mein Predigerdasein innerhalb der Gemeinschaftsbewegung.

Heute ist mir als Verkündiger des Wortes Gottes die Verantwortung vor dem Herrn und vor den Menschen in tieferer Weise bewußt (Jak.3,1). Ich möchte Jesus Christus in meinem Leben auch dadurch verherrlichen, indem ich den Menschen den ganzen Ratschluß Gottes verkündige (Apg.20,26+27)." (Wilfried Plock, Mannheim)

Fallbeispiel 5

„Die Frage nach dem Sinn meiner Mitgliedschaft in der evangelischen Landeskirche gerät um so stärker ins Wanken, je mehr ich anhand der Heiligen Schrift die Diskrepanz zwischen biblischer Gemeinde und ‚meiner' Kirche erkenne. Ist dies noch ‚meine' Kirche, in die ich als unmündiger Säugling hineingetauft worden bin? Neben einer ganzen Palette beschämender Verirrungen beschäftigen mich die systematischen Angriffe hoher Kirchenfunktionäre gegen bibelorientierte Pfarrer. Der Linksruck innerhalb der Evangelischen Kirche Deutschlands (EDK) ist für mich nicht mehr zu übersehen. In wichtigen Schlüsselpositionen sitzen immer mehr Leute, die gemäß ihrer humanistisch-sozialistisch geprägten Gesinnung handeln (Mt.7,15+16b: ‚Seht euch vor, vor den falschen Propheten, die in Schafskleidern zu euch kommen, inwendig aber sind sie reißende Wölfe. An ihren Früchten werdet ihr sie erkennen').

Der auffallende Mangel an ‚Lehrzuchtverfahren' gegen falsch lehrende Theologen und Theologinnen, Gotteslästerung bekannter Kirchenfunktionäre, die Befürwortung der Abtreibung, der kämpferische Einsatz für die Anerkennung homosexueller Praktiken und Kirchentage, die eher der Götterstraße Athens gleichen - all dies kann nicht einfach nur Entgleisung sein - das ist System! Aber diese Kirche ist nicht mehr ‚meine' Kirche, und nach sorgfältiger Überlegung ziehe ich die Konsequenzen: Ich kündige meine Mitgliedschaft. Heute arbeite ich in einer bibelorientierten Gemeinde mit. Im Rückblick erkenne ich, welch ein Segen darauf liegt, Gott mehr zu gehorchen als den Menschen." (Joachim Rosenthal, Schwäbisch Gmünd)

Fallbeispiel 6

„Gewußt habe ich es schon Jahre zuvor, daß ich es nicht zum Ruhestandspastor der Methodistenkirche bringen werde. Denn bereits während meiner Ausbildung am Predigerseminar in Frankfurt werde ich dort mit liberaler Theologie konfrontiert. Zwölf Jahre Dienst in dieser Freikirche sind es dennoch geworden. Während dieser Zeit darf ich manches dazulernen. Auch erinnere ich mich dankbar an etliche ‚Amtsbrüder‘, die mir zum Segen wurden. Aber im Bild ausgedrückt: Befindet sich eine Lokomotive mit angehängten Waggons auf falschem Gleis und rast ins Unglück, macht es wenig Sinn, wenn der darüber informierte Schaffner die Mitreisenden um so liebevoller betreut. Darum kommt es 1982 zu meinem Austritt. Vor Ort bildet sich eine freie christliche Gemeinde, in der ich umgehend meinen Dienst fortsetze. Die nüchterne Einsicht nach nun 15 Jahren Dienst ohne kirchliche Einbindung fasse ich so zusammen:

a) Erfrischende Freiheit von ‚Aufsätzen der Ältesten‘ oder menschlich ersonnener Kirchenordnung

b) Probleme und Nöte untereinander ändern sich deshalb nicht.

Bereut habe ich meinen Schritt trotzdem nicht." (Klaus Schmidt, Crailsheim)

Literaturempfehlung:

- Traktat von Keith Green: „Errettung aus Gnaden? Was lehrt die römisch-katholische Kirche?" (zu beziehen durch: Missionswerk „Die Bruderhand" e.V. Waldweg 3, D-29342 Wienhausen)

- Traktat von Wilfried Plock: „Warum aus der Kirche austreten?" (zu beziehen beim Biblischen Gemeinde-Dienst, Pirnaer Str. 11, D-68309 Mannheim, Fax: 0621 / 4962225)

8. Biblisches Verhalten gegenüber Sektierern

Laßt nicht herein!

2. Joh. 10

8. BIBLISCHES VERHALTEN GEGENÜBER SEKTIERERN

Gemeindezucht an Gläubigen spricht von „Tut hinaus!"
Absonderung von falschen religiösen Systemen spricht von „Geht hinaus!"
Biblisches Verhalten gegenüber Sektierern spricht von „Laßt nicht herein!"

Die Lehren der Sekten sind bereits in ihren Anfängen dämonisch inspiriert. Gott wacht deswegen mit seinen Anweisungen für den Umgang mit missionarisch aktiven Sektierern besonders über seine auserwählte, gläubige Schar. Falsche Barmherzigkeit im Umgang mit Sektierern kann ein „Schäflein" in große geistliche Gefahr bringen. Gott möchte den Gläubigen mit allen Mitteln vor Verführern schützen.

Biblische Wahrheiten

1.Joh.2,18+22: „Kinder, es ist die letzte Stunde, und wie ihr gehört habt, daß der Antichrist kommt, so sind auch jetzt viele Antichristen aufgetreten; daher wissen wir, daß es die letzte Stunde ist.
Wer ist der Lügner, wenn nicht der, der leugnet, daß Jesus der Christus ist? Der ist der Antichrist, der den Vater und den Sohn leugnet."

1.Joh.4,1-3: „Geliebte, glaubt nicht jedem Geist, sondern prüft die Geister, ob sie aus Gott sind; denn viele falsche Propheten sind ausgegangen. Hieran erkennt ihr den Geist Gottes: Jeder Geist, der Jesus Christus, im Fleisch gekommen, bekennt, ist aus Gott; und jeder Geist, der nicht Jesus bekennt, ist nicht aus Gott; und dies ist der Geist des Antichrists, von dem ihr gehört habt, daß er komme, und jetzt ist er schon in der Welt."

2.Joh.7: „Denn viele Verführer sind in die Welt hinausgegangen, die nicht Jesus Christus, im Fleisch gekommen, bekennen; dies ist der Verführer und der Antichrist."

Wer fundamentale Aussagen der Heiligen Schrift leugnet, ist in Gottes Augen ein falscher Prophet und in unserem Sprachgebrauch ein klassischer Sektierer. Deswegen ist es notwendig, über die Grundlagen des biblischen Glaubens informiert zu sein, bevor man einen falschen Geist entlarven kann.

8.1 Einige Kriterien, um eine Sekte zu erkennen

Glaubt man an:
„- die Inspiration der gesamten Heiligen Schrift in ihren 66 Büchern?
- die Dreieinheit Gottes?
- die absolute Gottheit und Menschheit des Herrn Jesus Christus?
- den stellvertretenden Tod, die Grablegung und leibliche Auferstehung Jesu?
- die Errettung allein aus Gnade durch den Glauben?
- die Wiederkunft des Herrn Jesus?
- die ewige Seligkeit der Erlösten und die ewige Bestrafung der Verlorenen"? (aus einer Predigt von Wilfried Plock)

„Das Hauptkriterium für die Entlarvung eines falschen Geistes ist jedoch immer der Angriff gegen die Person Jesus Christus.
Es geht um:
- Christus, den im Alten Testament verheißenen Messias und König, der für das Volk Israel und zum Frieden der Nationen kommen sollte.
- den Sohn Gottes, der als historische Person - Jesus von Nazareth - zu uns Menschen gekommen ist (Joh.1,14: ‚Das Wort wurde Fleisch').
- den Erlöser, den man als Herrn anerkennen und bekennen muß."[90]

8.2 Einige Sekten, die diesen Kriterien nicht standhalten

Jehovas Zeugen, die Neuapostolische Kirche, die Mormonen, der klassische Siebenten-Tags-Adventismus, die Christliche Wissenschaft, die Anthroposophie, Scientology u.s.w.

Ihre Anhänger sind Menschen
a) „die vorgeben, Gott zu kennen und behaupten, neues Licht zu haben. Sie lehren Dogmen, die Gott in seinem Wort nicht offenbart hat (z.B. Anthroposophen)"[91]
b) „die ein Stück der biblischen Wahrheit nehmen (‚secare' = abschneiden) und sie so hoch setzen, daß alles darauf bezogen wird (z.B. Zeugen Jehovas: 1000jähriges Reich)

c) die zur Bibel eine Sonderoffenbarung hinzufügen, ohne welche die Bibel nicht verstanden werden kann (z.B. das Buch Mormon bei den Mormonen)"[92]

d) die neben Jesus Christus noch zusätzliche Propheten, Meister oder Organisationen zu ihrem Heil brauchen (z.B. Stammapostel bei den Neuapostolischen)

8.3 Gottes Anordnung für den Umgang mit einem missionierenden Sektierer

2.Joh.9-11: „Jeder, der weitergeht und nicht in der Lehre des Christus bleibt, hat Gott nicht. Wer in der Lehre bleibt, der hat sowohl den Vater als auch den Sohn. Wenn jemand zu euch kommt und diese Lehre nicht bringt, so nehmt ihn nicht ins Haus auf und grüßt ihn nicht. Wer ihn grüßt, nimmt teil an seinen bösen Werken."

1.Tim.4,1+7: „Der Geist sagt deutlich, daß in späteren Zeiten manche vom Glauben abfallen werden, indem sie auf betrügerische Geister und Lehren von Dämonen achten ..." „Die unheiligen und altweiberhaften Fabeln weise ab ..."

2.Tim.3,13: „Böse Menschen und Betrüger aber werden zu Schlimmerem fortschreiten, indem sie verführen und verführt werden."

Die biblische Anweisung, jemanden nicht ins Haus aufzunehmen, gilt nicht einem ungläubigen Besucher, sondern einem antichristlichen Missionar, d.h. einem religiösen Lehrer, der, wie besprochen, Gottheit und Menschheit Christi leugnet.

Wenn ein Sektierer an der Haustür klingelt, gebietet Gott, ihn nicht zu grüßen oder ins Haus zu lassen.

Ist das nicht eine unbarmherzige Anweisung? Verbirgt sich hinter dem Sektierer nicht auch ein Mensch, dem man als Christ Ehre und Gastfreundschaft erweisen muß? Soll ihn nicht gerade eine gläubige Frau hereinbitten und ihm eine Tasse Kaffee anbieten?

„Nein, aus Gottes Sicht ist dieser Mensch ein Feind Christi. Wer ihn grüßt (einen christlichen Segenswunsch ausspricht) und ihm Gastfreundschaft erweist (Schutz und Gemeinschaft bietet), stellt sich auf die Seite derer, die gegen Christus sind."[93] Menschliche Liebenswürdigkeit ist hier deswegen fehl am Platz, weil falsche Lehre in Gottes Augen keine geringe Sache ist.

Darum ist es in Ordnung, wenn ein Christ einen Sektierer an der Haustür stehen und sich nicht in Streitgespräche verwickeln läßt. Ein solcher Mensch soll abgewiesen und gemieden werden.

Hinter der strengen, lieblos erscheinenden Anweisung verbirgt sich tatsächlich Gottes Barmherzigkeit. Er achtet darauf, den Irrlehrern keine Möglichkeit zu geben, Gläubige zu beeinflussen und sie zu verführen. Gottes Befehl hat Schutzcharakter.

8.4 Gottes Anordnung, Irregeleiteten das Evangelium zu bringen

Joh.3,16: „So sehr hat Gott die Welt geliebt, daß er seinen eingeborenen Sohn gab, damit jeder, der an ihn glaubt, nicht verloren gehe, sondern ewiges Leben habe."

Mk.16,15: „Geht hin in die ganze Welt und predigt das Evangelium der ganzen Schöpfung."

Steht die gebotene Absonderung von falschen Lehrern nicht im Widerspruch zum Missionsbefehl, der doch allen Menschen gilt?

Der Gläubige hat keinen Auftrag, mit Sektierern zu diskutieren oder gar zu streiten (2.Joh.8). Der Zeugnisauftrag bleibt jedoch bestehen. Ein Christ läßt einen missionarisch aktiven Sektierer nicht „herein", aber er geht zu einem in Irrlehre verstrickten Menschen „hin" und bezeugt ihm das Evangelium von der Kraft des Blutes Jesu und der geschehenen Sündenvergebung. Schriften, Bücher, Kassetten und Einladungen zu Vorträgen erweisen sich in diesem Fall als besonders hilfreiche Evangelisationsmittel.

Biblische Beratung

Der evangelistische Auftrag eines Jüngers Jesu und Gottes Anordnung, antichristliche Missionare abzuweisen, bringt den Gläubigen im Umgang mit sektiererischen Menschen in das Spannungsverhältnis von Liebe und Wahrheit. Die differenzierte Betrachtung dieses Themas führt zu folgenden Schlußfolgerungen:

a) „Menschen, die einer Sekte anhängen, sind nicht schlechter als andere Menschen. Die Motive, die sie zu einer Sekte trieben, sind nicht unbedingt unehrenhaft. Die Intensität ihres Glaubenslebens, ihre Überzeugungstreue, Bekenntnisfreudigkeit und Opferbereitschaft zeugen von ihrer Suche nach dem Sinn des Lebens und der ewigen Dinge."[94]
„Ein Christ soll auch diesen Menschen das Evangelium bringen. Dazu gehört, sich über die Glaubensinhalte von Sekten zu informieren und solche irregeleiteten Menschen aufzufordern, ihre Lehre anhand der Bibel ohne Fremdanleitung zu prüfen."[95]

b) Menschen, die jedoch willentlich und wissentlich das Evangelium ausschlagen, stehen unter dem Gericht Gottes.
2.Thess.2,9-12: „Denn der Frevler wird auftreten in der Macht des Satans mit allerlei lügenhaften Kräften und Zeichen und Wundern und mit allerlei Verführungen zur Ungerechtigkeit bei denen, die verloren werden, weil sie die Liebe zur Wahrheit nicht angenommen haben zu ihrer Rettung. Darum sendet ihnen Gott auch kräftige Irrtümer, daß sie glauben der Lüge, auf daß alle gerichtet werden, die der Wahrheit nicht geglaubt, sondern Wohlgefallen gefunden haben an der Ungerechtigkeit."
Sektierer, die für die Wahrheit der Bibel nicht offen sind, sich verhärten und zu aktiven Missionaren ihrer Glaubensrichtung werden, sind Feinde des Evangeliums und sollen nicht aufgenommen werden.

Kernsätze

> **Biblisches Prinzip:**
> **Gott schützt seine Kinder vor Irrlehre.**
> **Biblischer Rat:**
> **Abweisung eines missionierenden Sektierers.**

Fallbeispiel 1

„Mein Vater, ein gottesfürchtiger Katholik, ist an tieferer Gotteserkenntnis sehr interessiert. Da ihm von katholischer Seite vom Bibellesen abgeraten wird, legt er die Heilige Schrift für einige Jahre in eine alte Truhe. Dann kommen Zeugen Jehovas an die Tür. Sie erzählen meinem Vater, daß die Bibel von Gott inspiriert sei und viele Prophezeiungen über unsere Zeit enthalte. So werden wir als Familie Zeugen Jehovas. Von frühester Kindheit an empfinde ich eine tiefe Liebe zu Gott und seinem Wort. Die Hoffnung, daß Jesus Christus auf der Erde sein 1000jähriges Friedensreich aufrichten wird, gibt mir Trost. Vierzig Jahre lang predige ich nun selbst dieses ‚Evangelium vom Reich Gottes‘.

Eines Tages wird mir beim Bibelstudium die Erkenntnis geschenkt, daß Jesus nicht nur der Sohn Gottes ist, sondern, daß er selbst Gott ist (Joh.20,28; 1.Joh.5,20). Das lehnen die Zeugen Jehovas ab. Daraufhin verlasse ich 1992 diese Organisation und schließe mich nach längerer Suche einer christlichen Gemeinde an. Am 15. Juni 1997 bekenne ich durch die Taufe vor der sichtbaren und unsichtbaren Welt, daß ich mit Jesus Christus gestorben und zu einem neuen Leben auferstanden bin. Er ist nun mein Herr.“ (Dina Dohr, Wolfsberg / Österreich)

Fallbeispiel 2

„Meine Frau Theresia, erst kurze Zeit neuapostolisch, wagt es, die sogenannten ‚Göttlichen Worte‘, die mit der Bibel nicht übereinstimmen, zu kritisieren. Die erbosten Reaktionen der kirchlichen Amtsträger lassen mich, der ich fast vierzig Jahre neuapostolisch gewesen bin, an der Richtigkeit der Lehre zweifeln. Das hat eine ernsthafte Suche nach der Wahrheit zur Folge.

Bei einer Evangelisationsveranstaltung, nehmen wir freudig die befreiende Nachricht auf, daß man die Wahrheit nicht in einer bestimmten Gemeinde, sondern allein im Wort Gottes, der Bibel, findet. Wir dürfen erkennen, daß nicht menschliche Führer, sondern allein Jesus Christus der einzige Mittler zwischen Gott und den Menschen ist (1.Tim.2,5: ‚Denn einer ist Gott, und einer ist Mittler zwischen Gott und den Menschen, der Mensch Jesus Christus, der sich selbst als Lösegeld für alle gab‘).“ (Theresia und Horst Gollnick, Bad Herrenalb)

Fallbeispiel 3

„Mit vierzehn Jahren komme ich zum Glauben an Jesus Christus. Aus unbehüteten Familienverhältnissen kommend (meine Mutter starb als ich 11 Jahre alt war, mein Vater hatte kaum Zeit für mich), ist dieser Glaubensdurchbruch das Segensreichste, was mir je passiert ist. Leider fehlt mir der Gemeindeanschluß, um im Glauben zu wachsen. Die Jahre vergehen. Ich heirate (naiv wie ich gewesen bin) einen ungläubigen Mann. Die Ehe scheitert, und plötzlich stehe ich mit zwei kleinen Kindern ganz allein da. In dieser Zeit hadere ich oft mit Gott und der Welt.

Als es mir gesundheitlich sehr schlecht geht, treten Zeugen Jehovas in mein Leben. Die herzliche Gemeinschaft tut mir wohl, und ich fühle mich angenommen. Doch unmerklich nimmt mich diese Lehre immer mehr in Besitz. Als ich schon fast überzeugt bin, daß dies der richtige Weg ist, wird der Druck massiv verstärkt. Sklavischer Gehorsam, Verhaltensrichtlinien und Predigtdienstschule sollen dazu führen, nun andere Menschen für diese Lehre zu gewinnen.

Glücklicherweise werde ich durch Gottes zurechtbringende Gnade und die Hilfe gläubiger Christen bald aus dieser falschen Lehre befreit. Sie hat mich letztlich nicht frei gemacht. Nur Jesus Christus, der die Wahrheit in Person ist (Joh.14,6), kann wirklich von der Sünde befreien (Joh.8,31+32).

Doch immer wieder werde ich an meine Zeit bei den Zeugen Jehovas erinnert. Erst gestern klingelt es wieder an meiner Tür. Eine mir bekannte Stimme ertönt über die Sprechanlage: ‚Hallo, hier ist Frau T. Wir wollen gerne mal wieder ein Gespräch mit ihnen führen.‘ Ich lasse sie jedoch nicht mehr in meine Wohnung. Obwohl ich die Menschen nach wie vor nicht verurteile, weiß ich nun um die Gefahr der Verführung." (Lebensbericht ohne Namensnennung)

Fallbeispiel 4

„Es klingelt. Ich öffne die Tür: ‚Bitte, Sie wünschen?‘ ‚Guten Tag,‘ erwidern zwei adrett gekleidete junge Damen, ‚wir möchten gerne mit Ihnen über den Zustand dieser Welt ins Gespräch kommen. Sie sind gewiß auch erschüttert über die vielen Katastrophen, samt der schrecklichen Kriege. Wir würden Ihnen gerne zeigen, was die Bibel dazu sagt.‘ ‚Einen Moment,‘ ich lasse die beiden an der Tür stehen, hole meine Bibel und lese ihnen laut Kol.2,9-10a vor: ‚Denn in ihm (Jesus) wohnt die ganze Fülle der Gottheit leibhaftig; und ihr seid in ihm zur Fülle gebracht ...‘ Ich beende die Begegnung mit den Zeuginnen Jehovas mit der Frage: ‚Können Sie mir mehr bringen als die ganze Fülle in Christus? Nein? Dann bitte ich Sie um Verständnis, daß ich mir keine Zeit für ihre Lehre nehme.‘" (Wilfried Plock, Mannheim)

Empfehlung des Glaubenswerkes A.R.F. (Arbeitsgemeinschaft für religiöse Fragen, Bertholdstraße 15, 47226 Duisburg)

Zu dessen speziellem Auftrag, irregeführten Menschen die freimachende Botschaft von Jesus Christus zu bringen, gehört:

- Systematische Untersuchung von alten und neu aufkommenden religiösen Bewegungen und ihre Beurteilung an Hand der Bibel
- Information der Gläubigen durch Lehrabende und Schulungen in der Gemeinde
- Herausgabe evangelistischer Literatur, speziell für irregeführte Menschen, durch den MABO - Verlag (Dresdner Str. 45, D-24790 Schacht-Audorf)

9. Biblisches Verhalten gegenüber der Obrigkeit

Regierungsgebäude

9. BIBLISCHES VERHALTEN GEGENÜBER DER OBRIGKEIT

Das Verhältnis unserer Gesellschaft zur Obrigkeit hat sich in den letzten Jahren sehr gewandelt. Der Staat besitzt nur noch den Charakter einer Institution, die man leicht und gut betrügen kann. Staatlichen Autoritäten begegnet man mit zunehmender Geringschätzung (verschmierte Wahlplakate u.a.m. bringen diese Haltung zum Ausdruck). Allgemein kann man von einer Staatsverdrossenheit in der Bevölkerung sprechen.

Gott weiß jedoch am besten wie ein friedliches Zusammenleben im Staat funktionieren kann. In der Befolgung seiner Lebensregeln liegt Segen für das irdische Leben.

Ein Christ braucht deswegen auch in diesem Bereich Richtlinien aus dem Wort Gottes, um gegen den Strom schwimmen und Gott gehorsam sein zu können. Biblische, nicht weltliche Maßstäbe sollen sein Verhalten gegenüber der Staatsgewalt bestimmen.

Biblische Wahrheiten:

9.1 Autorität - ein Gedanke Gottes

9.1.1 Gott ist die höchste Autorität

Kol.1,16: „In ihm ist alles in den Himmeln und auf Erden geschaffen worden, das Sichtbare und das Unsichtbare, es seien Throne oder Herrschaften oder Gewalten oder Mächte: alles ist durch ihn und für ihn geschaffen; und er ist vor allem, und alles besteht durch ihn."

1.Tim.6,15: „... der selige und alleinige Machthaber, der König der Könige, und Herr der Herren."

9.1.2 Gott delegiert Autorität an seine Geschöpfe

- in der Familie (Ehemann und Eltern)
Eph.5,24: „Wie nun die Gemeinde sich dem Christus unterordnet, so auch die Frauen ihren Männern in allem."

Kol.3,20: „Ihr Kinder, gehorcht euren Eltern in allem, denn dies ist wohlgefällig im Herrn."

- in der Gemeinde (Älteste)
Hebr.13,17: „Gehorcht und fügt euch euren Führern, denn sie wachen
über eure Seelen, als solche, die Rechenschaft geben werden, damit sie
dies mit Freuden tun und nicht mit Seufzen; denn dies wäre euch nicht
nützlich."

- am Arbeitsplatz (Vorgesetzte)
Tit.2,9: „Die Sklaven ermahne, ihren eigenen Herren sich in allem unterzuordnen, sich wohlgefällig zu machen, nicht zu widersprechen, nichts zu
unterschlagen, sondern alle gute Treue zu erweisen, damit sie die Lehre,
die unseres Heiland-Gottes ist, in allem zieren."

- im Staat (Staatsbedienstete)
Tit.3,1: „Erinnere sie, staatlichen Mächten und Gewalten untertan zu
sein."

9.2 Sinn und Zweck der Staatsgewalt

1.Mo.9,6: „Wer Menschenblut vergießt, dessen Blut soll durch Menschen
vergossen werden."

Röm.13,4: „Die staatliche Macht ist Gottes Dienerin, dir zum Guten.
Wenn du aber das Böse tust, so fürchte dich, denn sie trägt das Schwert
nicht umsonst, denn sie ist Gottes Dienerin, eine Rächerin zur Strafe für
den, der Böses tut."

1.Petr.2,13+14: „Unterordnet euch aller menschlichen Einrichtung um
des Herrn willen: sei es dem König als Oberherrn oder den Statthaltern als
denen, die von ihm gesandt werden zur Bestrafung der Übeltäter, aber zum
Lob derer, die Gutes tun."

„Das Fundament für eine Staatsgewalt wurde bereits im Alten Testament gelegt. Nach der Sintflut machte Gott mit Noah einen Bund und

führte das Prinzip der menschlichen Regierung ein, um den Ausbruch der Sünde einzudämmen und menschliches Leben zu schützen.

Diese Bestimmung gab der Obrigkeit damals und heute die Autorität, über Kriminalität zu urteilen. Sie trägt das Schwert und hat das Recht zur Gewaltanwendung. Herrscher sind als Diener Gottes demnach berechtigt, Täter zu bestrafen (vom Strafzettel - über Gefängnis - bis hin zur Todesstrafe) und diejenigen zu loben, die das Gesetz halten."[96]
Ein Beispiel aus der Geschichte:

Die Römer sorgten im 1. Jahrhundert für einen hohen Persönlichkeitsschutz ihrer Landsleute. Kein römischer Bürger durfte zum Beispiel ohne ordentliche Gerichtsverhandlung verurteilt werden (Apg.22,25-29; Apg.16,38; Apg.25,10-12).

9.3 Verhalten gegenüber der Staatsgewalt

9.3.1 Im Gehorsam gegenüber Gott die Unterordnung praktizieren

Spr.24,21: „Fürchte den Herrn, mein Sohn, und den König! Mit Aufrührern laß dich nicht ein."

Röm.13,1+2: „Jede Seele unterwerfe sich den übergeordneten (staatlichen) Mächten; denn es ist keine staatliche Macht außer von Gott, und die bestehenden sind von Gott verordnet. Wer sich daher der staatlichen Macht widersetzt, widersteht der Anordnung Gottes; die aber widerstehen, werden ein Urteil empfangen ..."

„Alle bestehenden Regierungen sind von Gott eingesetzt. Ein Staatsbürger ist deswegen verpflichtet, jede Obrigkeit als von Gott verordnet anzuerkennen, ganz gleich ob Monarchie oder Demokratie, gewaltsam an die Macht gekommen oder gewählt, christlich oder atheistisch.

Als Paulus den Abschnitt über die Unterwerfung unter die irdische Regierung schrieb, war der schreckliche Kaiser Nero an der Macht. Paulus wußte, wie schamlos die Provinzen ausgebeutet wurden und die Amtsträger zu jener Zeit zu ihren Posten kamen. Für die Christen war das eine schwere Zeit, in der sie vielen grausamen Folterungen ausgesetzt waren. Nero beschuldigte sie zum Beispiel, ein Feuer gelegt zu haben, das halb

Rom zerstörte. Er ließ daraufhin einige Gläubige in heißen Teer tauchen und dann als lebendige Fackeln verbrennen, um seine Orgien zu beleuchten. Andere wurden in Tierhäute eingenäht und wilden Hunden vorgeworfen, um von ihnen in Stücke gerissen zu werden.

Aber auch damals gab es Rechtsverfahren. Straftaten wurden gesühnt und Mörder hingerichtet. Bedürftige wurden versorgt, Handel und Arbeit gefördert. Auf diese Weise wurde auch damals menschliches Leben bewahrt und die Sünde eingedämmt.

Demnach bleibt das biblische Prinzip von der Unterordnung unter die Staatsgewalt auch unter negativen Umständen aufrecht. Wer sich gegen die Regierung oder ihre Gesetze stellt, schadet in erster Linie nicht der staatlichen Macht, sondern sich selbst. Er wird - wie die Bibel sagt - sein Urteil empfangen.

Angesichts dieser biblischen Anweisungen kann sich ein Christ nicht mit gutem Gewissen an Demonstrationen gegen die Regierung beteiligen oder gar versuchen, sie durch Gewalt zu Fall zu bringen.“[97]

Beispiele für die Unterordnung unter staatliche Anordnungen:

- Josef nahm die strapaziöse Reise von Nazareth nach Betlehem in Kauf, um der Verordnung des Kaisers Augustus (Aufstellung von Bevölkerungslisten zur Steuereinschätzung durch römischen Behörden) Gehorsam zu leisten (Luk.2,1-5).

- Aquilla und Priscilla rebellierten nicht gegen die antijudaistische Verordnung des Kaisers Klaudius 49 n.Chr., der die Auswanderung der Juden aus Rom befahl (Apg.18,2).

Vordergründig waren die Anordnungen der Regenten für die hier betroffenen Personen negativ und führten momentan zu unangenehmen Lebensumständen. Doch beide Begebenheiten verdeutlichen, daß die Befehle der Herrscher letztlich genau in Gottes Pläne paßten. Sie sind Beweise dafür, daß hinter jeder Staatsgewalt der allmächtige Gott selbst steht.

9.3.2 Politiker um ihres Amtes willen ehren

Apg.23,5: „Von dem Obersten deines Volkes sollst du nicht schlecht reden."

„Der Gläubige soll die Namen und Ämter aller Staatsdiener ehren (auch wenn er deren persönliches Leben nicht immer respektieren kann). Deswegen redet er nicht abfällig über einen Präsidenten oder Kanzler."[98]

9.3.3 Den Staat nach gesetzlichen Regelungen finanzieren

Mt.22,21: „Gebt denn dem Kaiser, was des Kaisers ist, und Gott, was Gottes ist."

Röm.13,6+7: „Denn deshalb entrichtet ihr auch Steuern; denn es sind Gottes Diener, die eben hierzu fortwährend beschäftigt sind.
Gebt allen, was ihnen gebührt: die Steuer, dem die Steuer, den Zoll, dem der Zoll, die Furcht, dem die Furcht, die Ehre, dem die Ehre gebührt."

„Ein Christ schuldet der Regierung nicht nur Gehorsam, sondern auch finanzielle Unterstützung durch Steuern und Zoll. Es ist ein Vorteil, in einer Gesellschaft zu leben, in der Gesetz und Ordnung herrschen, in der es eine Polizei und andere Ordnungsdienste gibt. Die Beamten setzen ihre Zeit und Fähigkeit ein, Gottes Willen zur Erhaltung einer stabilen Gesellschaft zu erfüllen. Deshalb haben sie ein Anrecht darauf, von den Bürgern unterhalten zu werden.
Das bedeutet, daß der Gläubige alle Steuern zu zahlen hat, die auf sein Einkommen, sein Kapital und sein Privatvermögen erhoben werden. Der Gehorsam gegenüber Gottes Anordnungen verbietet besonders dem christlichen Staatsbürger ein unkorrektes Ausfüllen der Steuererklärungen, sowie aktive und passive Schwarzarbeit. Es bedeutet auch, daß er den vorgeschriebenen Zoll für Waren entrichtet, die aus anderen Ländern stammen."[99]

9.3.4 Für die Verantwortungsträger in der Regierung und für den Frieden im Land beten

Jer.29,7b: „Und sucht den Frieden der Stadt, in die ich euch gefangen weggeführt habe, und betet für sie zum Herrn. Denn in ihrem Frieden werdet ihr Frieden haben."

1.Tim.2,1-3: „Ich ermahne nun vor allen Dingen, daß Flehen, Gebete, Fürbitten, Danksagungen getan werden für alle Menschen, für Könige und alle, die in Hoheit sind, damit wir ein ruhiges und stilles Leben führen mögen in aller Gottseligkeit und Ehrbarkeit."

Für politisches Engagement findet man im Neuen Testament nahezu keinen Ansatzpunkt. Aus dem Schweigen der Schrift dürfen grundsätzlich keine Lehren abgeleitet werden, doch ist bemerkenswert, daß der Herr Jesus nie Veränderung sozialer und politischer Strukturen predigte (Mt.17,24-27; Mt.12,13-17; Luk.13,1-3; Joh.18,11+36). Christen, die aus ihrem Glauben heraus „jedermann Gutes tun" wollten (Gal.6,10), haben manchmal Großartiges geleistet (z.B. die Abschaffung der Sklaverei u.a.m.). Dennoch ist und bleibt die wirksamste Beteiligung des Gläubigen am politischen Geschehen sein Gebet für die Obrigkeit.

9.3.5 An der Begrenzung menschlicher Autoritäten festhalten

Apg.5,29: „Man muß Gott mehr gehorchen als den Menschen."

- Regenten dürfen nicht die Verehrung und Anbetung anderer Götter verlangen.
Dan.3,5+6+18: „Der Herold rief laut: Sobald ihr alle Arten von Musik hört, sollt ihr niederfallen und euch vor dem goldenen Bild niederwerfen, das der König Nebukadnezar aufgestellt hat. Wer aber nicht niederfällt und anbetet, soll sofort in den brennenden Feuerofen geworfen werden. Schadrach, Meschach und Abed-Nego antworteten: Es sei dir kund, o König, daß wir deinen Göttern nicht dienen und uns vor dem goldenen Bild, das du aufgestellt hast, nicht niederwerfen werden."

- Regenten dürfen nicht die Ausübung des Glaubenslebens verbieten.
Dan.6,8b+11: „Jeder, der innerhalb von dreißig Tagen an irgendeinen

Gott oder Menschen eine Bitte richtet außer an dich, o König, soll in die Löwengrube geworfen werden ... Dreimal am Tag kniete Daniel auf seine Knie nieder, betete und pries vor seinem Gott, wie er es auch vorher getan hatte."

- Regenten dürfen nicht die Verkündigung des Evangeliums verwehren. **Apg.4,18-20**: „Und als sie sie gerufen hatten, geboten sie ihnen, sich überhaupt nicht in dem Namen zu äußern noch zu lehren. Petrus aber und Johannes antworteten: Ob es vor Gott recht ist, auf euch mehr zu hören als auf Gott, urteilt selbst? Denn es ist unmöglich, von dem, was wir gesehen und gehört haben, nicht zu reden."

- Regenten dürfen nicht die Übertretung der Gebote anordnen. **2.Mo.1,15-17+20**: „Und der König von Ägypten sprach zu den hebräischen Hebammen: Wenn ihr den Hebräerinnen bei der Geburt helft und bei der Entbindung seht, daß es ein Sohn ist, dann tötet ihn. Aber weil die Hebammen Gott fürchteten, taten sie nicht, wie ihnen der König von Ägypten gesagt hatte, sondern ließen die Jungen am Leben. Und Gott tat den Hebammen Gutes."

9.3.6 Verfolgung um Jesu willen demütig tragen

Im Grundgesetz für die Bundesrepublik Deutschland steht im Artikel 4 Abs.1 derzeit noch: „Die Freiheit des Glaubens, des Gewissens und die Freiheit des religiösen und weltanschaulichen Bekenntnisses sind unverletzlich."

- Ein Christ soll sich jedoch an allen Orten und zu allen Zeiten mit der Gesinnung wappnen, daß er um seines Glaubens willen Nachteile erdulden muß. **2.Tim.3,12**: „Alle aber auch, die gottselig leben wollen in Christus Jesus, werden verfolgt werden."

- Ein Christ soll bereit sein, Schmach um Jesu willen demütig für den Herrn zu ertragen. **1.Petr.4,13-16**: „Wenn ihr im Namen Christi geschmäht werdet, glückselig seid ihr. Denn der Geist der Herrlichkeit und Gottes ruht auf euch.

Denn niemand von euch leide als Mörder oder Dieb oder Übeltäter oder als einer, der sich in fremde Sachen mischt; wenn er aber als Christ leidet, schäme er sich nicht, sondern verherrliche Gott in diesem Namen.“

Biblische Beratung

a) Ein Jünger Jesu sagt bewußt ja zur staatlichen Autorität.

b) Das Leben als Christ soll von Steuerehrlichkeit, Zollehrlichkeit, verkehrsgerechtem Fahren und Befolgen der Gesetze und Vorschriften gekennzeichnet sein.

c) Ein Gläubiger soll menschlich-barmherzige Argumente, die der biblischen Wahrheit entgegenstehen, durchschauen lernen und ablehnen. Zum Beispiel das menschliche Argument: „Mit Schwarzarbeit ermöglicht man Arbeitslosen einen Gelderwerb und Leuten mit niedrigem Einkommen einen Zuverdienst. Das ist doch eigentlich soziales Engagement.“

d) Ein Christ soll sich unbedingt durch ein biblisches Verhalten auszeichnen, um das böse Wort von Voltaire widerlegen zu können, der gesagt hat: „Wenn es ums Geld geht, haben alle Menschen dieselbe Religion.“

e) Keine Regierung der Welt hat das Recht, das Gewissen eines Menschen zu vergewaltigen. Deshalb gibt es Zeiten, in denen sich ein Gläubiger den Zorn von Menschen zuziehen muß, wenn er Gott gehorchen will. In solchen Fällen muß er sich darauf vorbereiten, die Leiden um Jesu willen demütig zu ertragen.

Kernsätze

> **Biblisches Prinzip:**
> **Gott schützt den Staat.**
> **Biblischer Rat:**
> **Grundsätzliche Gesetzestreue,**
> **korrekte Entrichtung der Steuern**
> **und anderen Abgaben.**

Fallbeispiel 1

Martin, ein junger Christ, bekommt die Zweigstelle des elterlichen Betriebs übertragen. Er übernimmt damit auch eine Arbeiterin, die auf der Basis der Schwarzarbeit angestellt ist. Sie ist seine beste Kraft und um ihrer familiären Situation willen vorerst nicht bereit, einem legalen Arbeitsverhältnis zuzustimmen. In einem seelsorgerlichen Gespräch wird Martin mitgeteilt, daß die Gemeinde von ihm keine Spenden annimmt, solange er Gottes Weisung in Sachen Steuern nicht Folge leistet (William MacDonald ordnet nach 1.Kor.5,11 in diesem Fall sogar Gemeindezucht an). Er nimmt diese Angelegenheit auf seine Gebetsliste und erbittet sich vom Herrn ein gehorsames Herz. Einige Zeit später stellt Martin die Arbeiterin vor die Alternative: Kündigung oder legale Anmeldung. Sie entscheidet sich für das letztere. Martin nimmt um Jesu willen den dadurch entstandenen Gewinnverlust gern in Kauf und freut sich, nun auch mit seinem Geld die Sache des Herrn unterstützen zu können.

Fallbeispiel 2

Maggy, gläubige Mutter von vier Kindern, nimmt für die ganze Familie jahrelang die Dienstleistung einer nicht legal angemeldeten Hausfriseuse in Anspruch. Ein seelsorglicher Christ klärt sie in einem Gespräch darüber auf, wie Gott über „passive Schwarzarbeit" denkt. Ein Jahr später wird ihr die Sache zu einer großen Gewissensnot. Schweren Herzens schreibt sie der Friseuse einen lieben Brief und teilt ihr mit, daß sie aus Glaubensgründen die illegale Dienstleistung nicht mehr in Anspruch nehmen will. Dieser Gehorsamsschritt bringt Maggy vordergründig zunächst manche Umstände und auch Enttäuschungen mit sich. Doch für ihr biblisches Handeln wird sie mit einem guten Ruf belohnt. Viele wissen nun: Maggy läßt sich die konsequente Nachfolge etwas kosten. Sie ist bemüht, vor Gott und Menschen ein reines Gewissen zu haben (Apg.24,16).

Fallbeispiel 3

„Ich bekomme für die Fahrstrecke von der Wohnung bis zum Arbeitsplatz einen monatlichen Zuschuß vom Staat. Nach einem Jahr wechsle ich die Schule und kann die Strecke nun gut zu Fuß laufen. In der Zwischenzeit komme ich zum lebendigen Glauben an Jesus Christus. Die Fahrtbeihilfe läuft weiter. Nach drei Jahren wird mir schlagartig bewußt, daß ich den Staat betrüge. Das Gewissen plagt mich. Ich habe keine andere Wahl. Ich bekenne Gott den Betrug und möchte die Sache in Ordnung bringen. Mit zitterndem Herzen melde ich mich bei der zuständigen Behörde und rechne damit, daß ich den gesamten Betrag zurückzahlen muß. Die Ersparnisse würden nicht reichen. Der Beamte bringt seinem Chef die Sachlage vor. Ich brauche nur die Monatsbeträge des angefangenen Jahres zurückzahlen. Der Rest sei verjährt. Ich freue mich darüber sehr. Der Herr hat meine Aufrichtigkeit gesehen und die Folgen meiner Schuld gering gehalten." (Sylvia Plock, Mannheim)

Fallbeispiel 4

„Pjotr Serebrennikow soll sich schon fünfmal wegen seines Glaubens vor Gericht verantworten. Doch dem Vorsitzenden der Kolchose antwortet er trotzdem mutig: „Die Versammlungen werden nicht eingestellt".

Diese konsequente Haltung wird ihm in einem atheistischen Staat zum Verhängnis. Die Behörden verurteilen den 71jährigen zu fünf Jahren Freiheitsentzug. Die Anklage lautet: ‚... weil er ständig religiöse Kulthandlungen durchführe, den Menschen religiöse Bücher vorlese und sie so von gesellschaftlich nützlicher Tätigkeit ablenke.' Aufgrund zahlreicher Appelle von Christen wird er erfreulicherweise nach einem knappen Jahr wieder frei gelassen."[100]

Fallbeispiel 5

„Die 1954 geborene Walentina S. wird 1982 beim Transport christlicher Literatur festgenommen und zu fünf Jahren Lagerhaft verurteilt. Wie auch die anderen Häftlinge bekommt sie kaum etwas zu essen. Im Winter ist es sehr kalt. Es kommt vor, daß ihr nachts die Haare am Boden anfrieren, weil keine andere Schlafmöglichkeit vorhanden ist. Kleidung und Stiefel bleiben ständig naß, und Gelegenheit zum Waschen gibt es kaum. Sie muß oft von 5.30 Uhr bis 2 oder 3 Uhr nachts arbeiten. Zu alledem kommt die Bespitzelung. Es ist eine schwere Prüfung für Walentina, Jesus Christus auch unter diesen Bedingungen die Treue zu halten."[101]

Fallbeispiel 6

„1957 heiratet der 27jährige Pawel R. seine um sieben Jahre jüngere Braut Galina. Fünf Jahre danach stehen sie vor einer schweren Entscheidung: Pawel wird von den Gläubigen als Gemeindeleiter vorgeschlagen. Die Gemeinde blüht in den folgenden Jahren auf. Fünf Jahre später wird Pawel zum überregionalen Dienst berufen. Nur selten kann er seine Familie mit inzwischen sechs Kindern geheim besuchen. 1968 wird er aufgespürt und zu fünf Jahren Lagerhaft verurteilt.

Vieles muß die Häftlingsfrau ertragen: schiefe Blicke der Nachbarn und Getuschel auf der Straße ‚ihr Mann ist in Haft'. In der Schule werden die Kinder verspottet oder gar mißhandelt. Ihre Unterstützung bekommen sie von den Gläubigen, denn der Staat kümmert sich um solche ‚Verbrecherfamilien' natürlich nicht.“[102]

10. Biblischer Umgang mit alternativen Heilmethoden

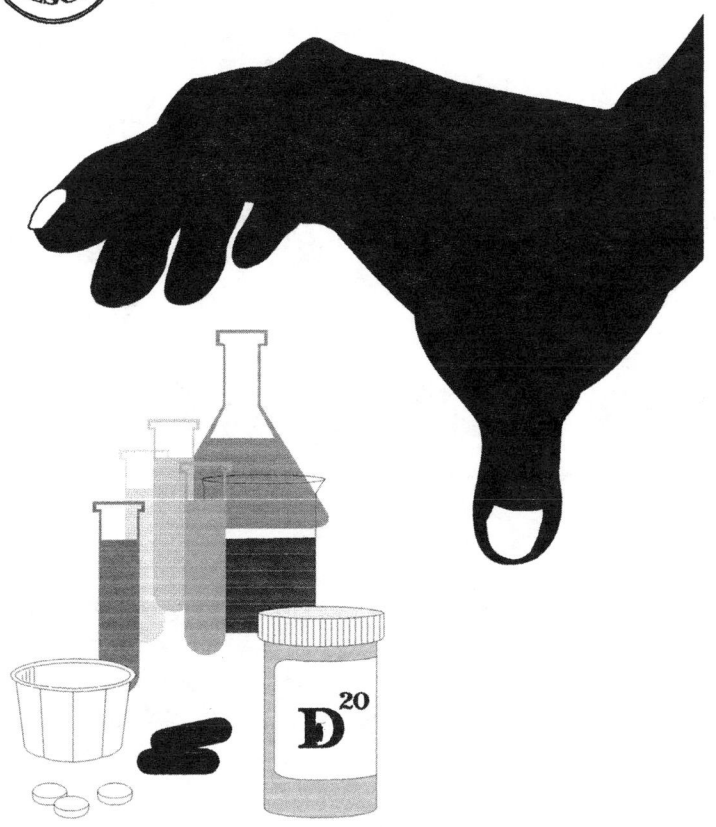

10. BIBLISCHER UMGANG MIT ALTERNATIVEN HEIL-METHODEN

„Seit etwa zwanzig Jahren kann man im Blick auf Gesundheit und Medizin eine neue Richtung beobachten. Der Mensch entfernt sich mehr und mehr vom rational-technischen Weltverständnis und streckt sich nach einer Erweiterung seines Weltbildes in Form von übersinnlichen, nicht naturwissenschaftlich erklärbaren Phänomenen aus. Er sucht die scheinbar tiefe, spirituelle Verbundenheit zwischen Mensch und Natur zu ergründen."[103]

Dieser Trend ebnet der Alternativmedizin den Weg, in der Naturphilosophie, fernöstliche Philosophie und magisches Denken eine wichtige Rolle spielen.

Auch „Untersuchungen bestätigen: Ein immer größer werdender Teil der Menschen in der Bundesrepublik und in anderen europäischen Ländern, in Nordamerika, Neuseeland und Australien wendet sich alternativen Heilmethoden zu und möchte sie ergänzend oder anstelle der wissenschaftlich ausgerichteten Medizin anwenden. Befragungen zeigen, daß besonders Frauen solche Therapien in Anspruch nehmen.

Menschen, die jahrelang von Kopfschmerzen geplagt waren, berichten nach Akupunkturbehandlungen von plötzlicher Schmerzfreiheit.

Patienten, die sich einer einstündigen homöopathischen Anamnese unterziehen, fühlen sich in neuer Weise mit ihren Schmerzen ernst genommen.

Und viele, die sich unkonventionellen Methoden zuwenden, äußern Erleichterung, endlich etwas aktiv für ihre Gesundheit tun zu können."[104]

Die Gesundheit des Menschen ist ein kostbares Gut, auch für ein Kind Gottes. Ein kranker gläubiger Mensch ist wie jeder andere auf ärztliche Hilfe angewiesen. Was soll er angesichts dieser Vielfalt an Heilmethoden tun?

Auch in diesem Bereich will Gott den Gläubigen vor dem Einfluß des Widersachers schützen. Seine Anordnungen haben bewahrenden Charakter, obwohl das gerade im Bereich Gesundheit vordergründig nicht immer ersichtlich ist.

Biblische Wahrheiten

5.Mo.18,10-12: „Es soll unter dir niemand gefunden werden, der seinen Sohn oder seine Tochter durchs Feuer gehen läßt, keiner, der Wahrsagerei treibt, kein Zauberer oder Beschwörer oder Magier oder Bannsprecher oder Totenbeschwörer oder Wahrsager oder der die Toten befragt. Denn ein Greuel für den Herrn ist jeder, der diese Dinge tut."

Kol.2,8: „Seht zu, daß niemand euch einfange durch die Philosophie und leeren Betrug nach der Überlieferung der Menschen, nach den Elementen der Welt und nicht Christus gemäß."

Unter der alternativen Medizin versteht man eine Heilkunde, die auf nicht wissenschaftlichen diagnostischen und therapeutischen Methoden beruht. Ihre Basis ist paranormal. Diese Methoden entstammen einem unbiblischen, religiösen oder philosophischen und oft magischen Welt- und Menschenbild.

10.1 Der Hintergrund der Alternativmedizin

„10.1.1 Der Begriff ‚kosmische Kraft'

Für die verschiedenen diagnostischen und therapeutischen Lehren gibt es eine gemeinsame Grundlage. Das ist der falsche Glaube an ein ‚vibrierendes Universum', d.h. an eine unsichtbare, verborgene Kraft oder Energie, die universell und übernatürlich ist und hinter dem Sichtbaren (d.h. sowohl hinter dem Universum und der Natur als auch hinter dem Menschen und seiner Krankheit) als letzte Wirklichkeit stehen soll.

<u>Gottes Wort aber</u> offenbart uns: ‚Am Anfang schuf Gott ...' (1.Mose1,1), und nicht irgendeine ‚kosmische, feinstoffliche geistige Kraft', nicht eine metaphysische ‚Urenergie' oder ‚Lebensenergie', auch nicht irgendein ‚energetisches' oder ‚dynamisches Prinzip'.

In einschlägigen Kreisen meint man: Durch diese ‚kosmische Kraft' bestehe ein ‚kosmischer Zusammenhang', eine ‚innere, energetische Verbundenheit' zwischen der Schöpfung (Universum und Natur) und dem Menschen. In dieser ‚inneren, metaphysischen Einheit', in welcher der ganze Mensch mit der Schöpfung stehe, sei der Mensch ein Teil des Kosmisch-Ganzen, also ein sogenannter ‚kosmischer Mensch'.

<u>Gottes Wort aber</u> offenbart uns, daß Gott nur den Leib des Menschen aus der Erde bildete. Aus diesem Grund gibt es lediglich einen Zusammenhang zwischen dem menschlichen Leib und der Erde, und zwar in materieller, physischer Hinsicht, niemals aber in immaterieller, metaphysischer Hinsicht!

Es gibt keinen inneren Zusammenhang zwischen dem Menschen und der Schöpfung. Der Mensch, den Gott nach seinem Bild geschaffen hat, ist ‚göttlichen Geschlechts' und niemals ein ‚kosmischer Mensch' (1.Mo,1,26; 2,7; Apg.17,29).

10.1.2 Die Natur als angebliches Bindeglied zwischen Kosmos und Mensch

In diesem unbiblischen Welt- und Menschenbild der Alternativmedizin wird die Natur von Gott losgelöst und verselbständigt. Sie wird als Bindeglied oder Mittler zwischen dem Menschen und dem Universum verstanden. Man behauptet, der kosmische Mensch brauche darum eine ‚natürliche' Ernährung und ‚natürliche' Arzneien, um in das ‚kosmische, energetische Gleichgewicht' zu gelangen bzw. darin zu bleiben. Der Mensch und die Natur seien ‚gut'.

Gesundheit sei nun (metaphysische) Harmonie zwischen der ‚kosmischen Energie' im Universum, in der Natur und im Menschen. Die Möglichkeit dieser Harmonie sei prinzipiell gegeben. In diesem Sinne sei Krankheit eine ‚Störung in der kosmischen Energie', die aber prinzipiell vom Menschen her zu beheben sei.

<u>Gottes Wort aber</u> offenbart uns, daß die Natur keine selbständige Größe ist, sondern geschaffene Natur. Sie ist das Werk der Hand Gottes und war als solche nie göttlich oder übernatürlich. Außerdem hat Gott infolge des Sündenfalls den Erdboden, aus dem die ‚natürliche' Nahrung und die ‚natürlichen' Arzneimittel stammen, verflucht (1.Mose 3,17; Röm.8,18-23). Der gläubige Naturwissenschaftler Immanuel Sücker schreibt dazu:

‚Es gibt in der Natur eine Vielzahl heimtückisch wirkender Gifte, ja die gefährlichsten Schadstoffe, die wir kennen, stammen aus der Natur'.

Eine metaphysische, kosmische Harmonielehre zwischen dem (gefallenen) Menschen und der Schöpfung läuft der Bibel zuwider. Gott schuf den Menschen in Harmonie mit sich selbst. Durch den Sündenfall des Menschen entstand grundsätzlich Disharmonie mit dem Schöpfer (Röm.5,10; 8,6-8; Jak.4,4). Der gefallene Mensch benötigt keinen Mittler zur Schöpfung, sondern zu dem heiligen Schöpfer. Nur durch Jesus Christus, dem einzigen Mittler, kann ein Mensch Frieden mit Gott erlangen (Röm.5,1). Abgötterei zu treiben mit der Natur und der Erde, ist Sünde vor Gott. Wir müssen nicht ‚zurück zur Natur', wie Rousseau und die Reformbewegungen propagieren, sondern zurück zum Schöpfer der Natur und zum Erlöser Jesus Christus.

10.1.3 Die ‚Kunst' vieler Bereiche der Alternativmedizin

Man bringt vor, daß die ‚Kunst' der Alternativmedizin u.a. darin bestehe, daß durch bestimmte Übungen und Rituale die ‚verborgene, übernatürliche Energie' im Kosmos (z.B. durch Yoga oder Heilmagnetismus) oder in der Natur (z.B. durch homöopathische oder antroposophische Arzneizubereitung) ‚angezapft' werde, um mit ihr die gestörte ‚kosmische Energie' im Menschen wieder ‚aufzuladen', um sie so für den Menschen wieder nutzbar zu machen.

Die ‚Energiestörung' bzw. der ‚Energiemangel', welche die Ursache der Krankheit sein sollen, werden auf ganz verschiedene Art und Weise behoben, z.B. durch Nadeln (Ohrakupunktur), durch Fingerdruck (Druckpunktmassage), durch ‚Energieübertragung' mittels körperlicher Berührung oder durch telepathische Wirkung (Fernwirkung); dann durch ‚aufgeladene Materie' mittels gesegneten, geweihten oder ‚magnetisierten' Wassers oder fester Gegenstände. Das gleiche wird auch durch offiziell ‚potenzierte' Arzneien der Homöopathie und der Antroposophie oder durch Privatpotenzierung von Heilpraktikern erreicht. Auch das Pendeln ist ein Mittel.

Dagegen ist zu sagen: Die okkulten Lehren, die dahinter stehen, haben okkulte Praktiken zur Folge und umgekehrt! Es sei darauf hingewiesen,

daß eine Heilung durch Gottes gnädiges Eingreifen nichts mit Alternativmedizin zu tun hat.

10.1.4 Die Lehre vom ‚Makrokosmos‘ und ‚Mikrokosmos‘

Nach den Grundsätzen dieser Lehre soll der Mensch ein ‚Mikrokos-
mos‘ sein, der im Wesen und Bau das Universum bzw. den Makrokosmos
widerspiegelt. Zwischen beiden Sphären bestünden innere Zusammenhänge, die eine Einwirkung aufeinander ermöglichen.

Gottes Wort aber offenbart uns, daß der Mensch als Ebenbild Gottes
erschaffen wurde. Er ist kein Spiegelbild der Schöpfung. Das Leben des
gefallenen Menschen ist in erster Linie die Frucht seines eigenen sündigen
Wesens, d.h. seiner alten Natur, niemals aber eine Projektion oder ein
Reflex der Planeten (Matth.12,34; 15,18-20; Gal.6,7-8; Jer.32,9).

In den aus der Astrologie stammenden, unbiblischen Reflexlehren findet man u.a. auch den (falschen) Glauben, daß ein bestimmter Teil des
menschlichen Körpers seinerseits ein getreues Spiegelbild (‚Mikrokos-
mos‘) des ganzen Menschen ist, und zwar nach Leib und Seele. Nicht einig
ist man sich, welcher Körperteil des Menschen das Medium ist. Für die
einen ist die einzige diagnostische Informationsquelle das Ohr (deshalb
Ohrakupunktur). Andere nehmen den Puls (Akupunktur), die Iris (Irisdiagnose), die Hand und Fingernägel, die Gesichtslinien, die Zunge, den
Bauch oder den Fuß. Sogar der Urin soll ein Spiegelbild des Menschen
sein (Urinschau; nicht zu verwechseln mit der wissenschaftlichen Untersuchung des Urins in einem anerkannten Labor).

Alle diese Formen der diagnostischen Wahrsagerei sind eine Art
Zeichendeuterei. Es handelt sich um eine Wahrsagerei aus den sogenannten Zeichen in Iris, Hand, Fuß usw. Dabei dienen Iris, Hand, Fuß wie auch
Ohr, Puls, Gesicht, Bauch, aber auch Urin, ein Photo, Ring, Kleidungsstück etc. des Patienten als Medium bzw. Kontaktmittel, um mit den Gei-
stern der Wahrsagerei in Verbindung zu treten. Diese nichtwissenschaft-
lichen, okkulten Methoden, bei denen infolge paranormaler Begabung ein
kontaktverursachender Gegenstand der betreffenden Person berührt oder

betastet wird, nennt man ‚Psychometrische Diagnostik'. Diese Diagnose-verfahren werden in erster Linie von Heilpraktikern angewandt und sind in ihrem Ausbildungsprogramm enthalten.

Gottes Wort aber verbietet Wahrsagerei in jeglicher Form, somit auch die diagnostische Wahrsagerei (3.Mo.19,31; 20,6; 5.Mo.18,11).
Bei manchen Formen der Alternativmedizin fängt also für einen Christen die Problematik nicht erst bei der Behandlung an, sondern bereits bei der paranormalen Diagnostik, selbst wenn sie von einem gläubigen Arzt aus-geübt wird und anschließend in eine legale Therapie einmündet.“[105]

10.2 Einige Diagnoseverfahren der Alternativmedizin

„10.2.1 Diagnose durch okkulte Begabung
Hellfühlen, Hellhören, Hellriechen, Hellsehen, Hellwissen und Telepathie

10.2.2 Diagnose durch Zeichendeuterei mit Hilfe eines Gegenstandes
Diagnose mit Hilfe eines Gegenstandes (Elektro-Akupunktur-gerät, Karten zum Kartenlegen, Kristallkugel, Pendel, Wünschel-rute, Urinfläschchen) oder mit Hilfe eines Körperteils (Hand, Fuß, Zunge, Iris, Ohr, Puls) und das Horoskop

10.2.3 Psychometrische Diagnose
Diagnose anhand eines Gegenstandes des Patienten (Ring, Haar, Kleidungsstück, Photo), Aurawahrsagerei (eine Art davon: Kirlian-Fotografie), Blutstropfenwahrsagerei, Farbendeuterei und Urinschau

10.2.4 Diagnose durch direkten Spiritismus
Spiritistische Wahrsagerei, z.B. mittels ‚verstorbener Ärzte' wie ‚Palacelsus'.“[106]

10.3 Einige Therapieverfahren der Alternativmedizin

„Die Therapieverfahren der Alternativmedizin lassen sich nach okkul-ten Heilmethoden aus den asiatischen Religionen und nach solchen aus westlichen Philosophien einteilen:

10.3.1 Okkulte Heilmethoden aus den asiatischen Religionen

Sie beruhen auf der Grundlage der taoistischen, buddhistischen Yang-Yin Philosophie: Akupunktur, Akupressur, Aurikulotherapie (Ohrakupunktur), Elektroakupunktur, Reflexiologie (Fußsohlentherapie), Sjatsu (Druckpunktmassage), Makrobiotik, Yoga-Therapie, Transzendentale Meditation

10.3.2 Okkulte Heilmethoden aus westlichen Philosophien

- Die anthroposophische Heilmethode von Rudolf Steiner
- Die christliche Wissenschaft der Mrs. Mary Baker Eddy
- Die Homöopathie des Samuel Hahnemann
- Die Rosenkreuzer Heilmethode, oft mit Fernwirkung
- Die sogenannte medizinische Astrologie

10.3.3 Weitere okkulte Heilmethoden

- Heilung durch okkulte Begabung, z.B. Heilmagnetismus
- Heilung durch magische Formeln, z.B. Zaubersprüche
- Heilung durch magische Handlungen, z.B. Krankheitsübertragung auf sich selbst
- Heilung durch Gegenstände, z.B. Talisman, Kette, Armband, Edelsteine, Metalle, Pendel und Wünschelrute."[107]

10.4 Biblisches Verhalten angesichts der Alternativmedizin

Apg.19,18+19: „Viele aber von denen, die gläubig geworden waren, kamen und bekannten und gestanden ihre Taten. Viele aber von denen, die vorwitzige Künste (griech.: das zur Zauberei Gehörige getan Habende) getrieben hatten, trugen die Bücher zusammen und verbrannten sie vor allen."

Ich zitiere Vertreter unterschiedlicher Sichtweisen:

10.4.1 Dr. med. Kurt Blatter, Spezialarzt für Chirurgie, seit 1980 Präsident der Stiftung für ganzheitliche Medizin

„Gottes Wort sagt, daß der Teufel von Anbeginn ein Lügner ist. Getarnt als Engel des Lichts, versucht er Gläubige gerade auf dem Gebiet der Paramedizin in seinen Bann zu ziehen. Wieviel Not, wieviel Schwermut und Nervenkrankheit können wir Ärzte bei solchen Geschwistern feststellen, die ohne böse Absicht Medizin, Kräuter, Tinkturen eingenommen haben, die zuerst unter die wirksame Kraft des Teufels gestellt wurden. Die Wirksamkeit solcher Präparate ist keine Garantie dafür, daß sie unserem ‚inneren Menschen‘ nicht schadet.

Wenn ein Gläubiger erkennt, daß er sein Leben der Wirkung kosmischer Kraft geöffnet hat, soll er Buße tun und sich in einem seelsorgerlichen Gespräch von all diesen Dingen willentlich distanzieren. Befreiung von der Macht der Finsternis (Machtbereich der kosmischen Kraft) gibt es durch das Blut Jesu Christi (1.Joh.1,7b).“[108]

10.4.2 Dr. Samuel Pfeiffer, Arzt an verschiedenen Krankenhäusern in der Schweiz und in der Dritten Welt

„Beinahe jedes Buch über Alternativmedizin beschreibt nicht nur Heilmethoden, sondern enthält Hinweise auf Lehren, Praktiken und Kräfte. Gottes Wort fordert den gläubigen Christ auf, ‚... prüft die Geister, ob sie aus Gott sind ...‘ (1.Joh.4,1). Wenn eine Lehre in ihrer Botschaft der Bibel widerspricht oder magische Handlungen miteinschließt, dann muß ein überzeugter Christ die Konsequenzen ziehen und sich deutlich von einer solchen Praktik distanzieren. Dies ist meiner Meinung nach überall dort geboten, wo eine Methode deutlich auf östlicher Philosophie aufbaut und von dieser nicht getrennt werden kann oder mit der eigentlichen Therapie okkulte Praktiken verbunden werden. Wie viele Menschen haben auf ihrer Suche nach Heilung ihren inneren Frieden als Preis bezahlt.“[109]

10.4.3 E. Nannen, Driebergen, Niederlande

„Wenn man sich in irgendeiner Form in den Bereich der Alternativmedizin begeben hat, bekenne man dieses als Sünde und Schuld vor Gott. Man bekenne auch seine Schuld, wenn man bereits eine diagnostische oder therapeutische Methode nicht geprüft oder eine Warnung davor nicht angenommen hat. Auch damit lädt man sich eine Schuld auf, wenn man gesund werden will, ‚koste es, was es wolle'. Man vollziehe eine neue Hingabe an den Herrn Jesus Christus und übergebe ihm bewußt den kranken, schwachen oder gebrechlichen Leib (Röm. 12,1-2; 1.Kor.6,19-20)."[110]

10.4.4 Reinhard König, Mediziner

„Es ist eine anerkannte Tatsache, daß die subjektive Wirkungskraft eines magischen Weltbildes auf einen Menschen immer dort vorhanden ist, wo eine innere Bereitschaft zum Glauben an die Magie besteht. Das heißt konkret: Ein Mensch, der ein magisch geprägtes Diagnose- oder Heilverfahren in Anspruch nimmt und auf der Basis dieses Denkens auch Wirkungen erwartet, die über das Maß des prinzipiell Erklärbaren hinausgehen, zeigt eindeutig magisches Denken. Man praktiziert z. B. Magie, wenn man fest daran glaubt, eine Krankheit mittels Irisdiagnose herauszufinden.

Wenn sich hingegen der Patient ohne Erwartung eines übernatürlichen Ergebnisses einem magisch geprägten Diagnose- oder Heilverfahren unterzieht, fehlt die Bereitschaft zum magischen Denken, zum bewußten Herbeiwünschen des Über-Möglichen. Somit wird auch keine Magie praktiziert.

Entscheidend für den Tatbestand des magischen Handelns - und damit für den Tatbestand der in der Bibel abgelehnten Zauberei (Magie im weitesten Sinn) - ist also, daß willentlich auf der Grundlage magisch-mantischer Systeme gedacht und gehandelt wird. Derartige Praktiken werden in der Bibel radikal verurteilt."[111]

10.5 Krankheit und Heilung aus biblischer Sicht

10.5.1 Krankheit aus biblischer Sicht

„- Krankheit und Tod sind Folgen des Sündenfalls. Die Welt, in der wir leben, steht seither unter dem Fluch Gottes. Der Erdboden trägt seitdem Dornen und Disteln und ist Heimstätte von Krankheitserregern jeder Art. Der Leib des Menschen ist seit dem Sündenfall nicht mehr vollkommen. Er ist vergänglich. Der Tod hat Einzug gehalten, begleitet von seinen Wegbereitern Krankheit und Alter."[112]

1.Mo.2,17b: „... denn an dem Tage, da du davon ißt, mußt du des Todes sterben."

„- Christen leben in dieser Welt. Sie haben einen wiedergeborenen Geist in einem unwiedergeborenen Leib. Darum müssen auch Christen mit Krankheiten leben. Und so wird es bis zur Neuschöpfung von Himmel und Erde sein."[113]

2.Kor.4,7: „Wir haben einen Schatz in irdenen Gefäßen, damit die überragende Größe der Kraft Gottes zugehöre und nicht uns."

2.Kor.5,4: „Denn wir freilich, die in diesem irdischen Zelthaus sind, seufzen beschwert, weil wir nicht entkleidet, sondern überkleidet werden möchten, damit das Sterbliche verschlungen werde vom Leben."

Offb.21,4: „Und er wird jede Träne von ihren Augen abwischen, und der Tod wird nicht mehr sein, noch Trauer, noch Geschrei, noch Schmerz wird mehr sein: denn das Erste ist vergangen."

10.5.2 Heilung aus biblischer Sicht

„- Jede Heilung, auch die nicht bewußt mit dem Christentum verbunden ist, muß als von Gott gewirkt angesehen werden. Jede Heilung ist göttliche Heilung, ob sie nun mit Medikamenten (Jes.38,21) oder ohne (Jak.5,16), mit Arzt (Luk.5,31) oder ohne (Jak.5,14-16) bewirkt wurde."[114]

Ein gläubiger Arzt hatte folgenden Spruch in seiner Praxis hängen: „Gott ist der Herr, der Arzt bin ich. Wenn er es will, kurier' ich dich."

2.Mo.15,26: „Ich bin der Herr, der dich heilt."

- Die Bibel berichtet von kranken Mitarbeitern des Apostel Paulus. Das heißt: Gott kann jede Krankheit heilen, aber er tut es nur, wo und wann es ihm gefällt.

1.Tim.5,23: „Trinke nicht länger nur ein wenig Wasser, sondern gebrauche ein wenig Wein um deines Magens und deiner häufigen Schwächen willen."

2.Tim.4,20: „Trophimus aber habe ich in Milet krank zurückgelassen."

- Ein Christ soll deswegen die Krankheit zuerst aus Gottes Hand annehmen. Der glaubensvollen Bitte um Heilung wird er aus Ehrfurcht vor Gott hinzufügen: „Herr, wenn es dein Wille ist."

Hiob 2,10b: „Das Gute nehmen wir von Gott an, da sollten wir das Böse nicht auch annehmen?"

10.6 Sinn und Ziel einer Krankheit aus biblischer Sicht

Obwohl Krankheiten manchmal auch auf menschliches Verschulden zurückzuführen sind (lasterhafte Lebensführung, ungesunder Lebensstil, Schuld, Sorgen), hat Gott mit jeder Krankheit einen Plan. Auch Leid, Krankheit und Schwäche haben im Leben des Gläubigen ihren Sinn. Deswegen soll ein Christ mit der betenden Frage zu Gott kommen: „Herr, was willst du mir durch diese Krankheit sagen? Wozu bin ich krank?"

Wenn Menschen krank werden, handelt es sich grundsätzlich um eine „Heimsuchung" Gottes
... als Ruf in die Nachfolge (Jes.26,16; Ps.50,15)
... zur Erziehung (Hebr.12,5-11)
... zur Bewährung (Hiob)
... zur Bewahrung (2.Kor.12,7-9 ; 1.Petrus 4,1+2)
... zur Verherrlichung Gottes (Johannes 9,3)

Jes.38,17: „Siehe zum Heil wurde mir bitteres Leid."
Röm.8,28: „Wir wissen aber, daß denen, die Gott lieben, alle Dinge zum Guten mitwirken, denen, die nach seinem Vorsatz berufen sind."

10.7 Schritte zur geistlichen Bewältigung von Krankheit und Not

Ein Kind Gottes soll durch schwere Lebensführungen im Glauben verwurzelt und gegründet werden. Damit der Gläubige den vollen Segen einer solchen „Heimsuchung" erfährt, können folgende, geistliche Schritte eine Hilfe sein:

„- Sich erst einmal recht klar machen, wer Gott ist, und wer ich bin (Röm.9,20-21).
- Sich vom Wort Gottes sagen lassen, daß Gottes Wege vollkommen sind (5.Mo.32,4).
- Buße tun über alle Undankbarkeit und Auflehnung gegen Gottes Wege (Klag.3,39-42).

- Dankbar werden für alles Gute, das ich von Gott bereits empfangen habe (1.Thess.5,18).
- Neue Prioritäten setzen. Was ewig ist über das stellen, was zeitlich ist (2.Kor.4,17; Kol.3,1-3).
- Sich Jesus neu hingeben. Ihm alle vermeintlichen Rechte zu Füßen legen (Spr.23,26).
- Sich im Lobpreis Gottes üben, auch im Blick auf die Not (Hiob,1,21)."[115]

Biblische Beratung

a) „Vor dem Hintergrund des Glaubens an Gott, den Schöpfer, ist der Kampf gegen Krankheit und Leid für einen Christen legitim. Krankheit darf bekämpft werden. Naturwissenschaftliche, rational begründete Medizin und verantwortungsvoller Umgang mit der eigenen Gesundheit und den leiblichen Bedürfnissen sind ein wichtiger Beitrag zum Erhalt der Schöpfung und ihrer Geschöpfe."[116]

b) „Die Bibel stuft Magie grundsätzlich als heidnisches Denken ein. Magie hat ihren Ursprung in einem unbiblischen Weltbild (Kol.2,8) und steht in ihrem Wesen in vollem Gegensatz zum Glauben, obwohl sie sich häufig eines religiösen Vokabulars bedient. Die Lehren sind im allgemeinen mit den Techniken eng verwoben. Magische Praktiken sind ein Versuch, Mächte zu bezwingen, um so zur gewünschten Heilung zu gelangen. Magische Handlungen werden jedoch von Gott radikal verurteilt (5.Mo.18,9-14).

c) Wer mit vollem Wissen Dinge praktiziert, die ein magisch-okkultes Denken zur Voraussetzung haben, wird dies wohl kaum mit der Bibel in Einklang bringen können."[117]

Die Auswahl der Diagnose- und Heilverfahren hängt deswegen für einen Christen ganz entscheidend davon ab, ob diese alternativen Heilmethoden magische Elemente enthalten.

d) Ein Christ sollte niemals eine antibiblische und okkulte Wurzel neutralisieren oder christlich harmonisieren.

Jeder Christ hat deswegen bei der Konsultation eines Arztes das Recht und die Pflicht, das Diagnose- bzw. Therapieverfahren zu prüfen. Zwei Kriterien können für die Beurteilung hilfreich sein:

„- Welcher philosophische Hintergrund steckt hinter einer Methode?
- Lassen sich Wirkungsweise und Therapieerfolg wissenschaftlich überprüfen?"[118]

e) „Was nützt es dem Menschen, wenn er sich bester Gesundheit erfreut und doch Schaden an seiner Seele nimmt."[119]
Für ein Kind Gottes gilt eben nicht:
- Gesundheit um jeden Preis
- Befreiung von Schmerz, egal mit welchen Mitteln (das Gebet heiligt sie ja)
- Hauptsache, es hilft.
Dieses Denken entspricht menschlicher und nicht göttlicher Sichtweise.

f) In notvollen Lebensführungen heißt die schwerste Bitte für den Gläubigen: „Dein Wille geschehe":

„Dein Wille geschehe!" So sprach ich auch gern,
als Not und Trübsal und Sorge fern.
Dann kamen Stunden, so bang und so schwer,
da wollt es kaum über die Lippen, o Herr.
Und das Herz sträubt sich, den Weg zu gehen,
es kann den Allmächtigen nicht verstehn,
und es ruft wohl in all dem Schmerz und der Pein:
„Mein Gott, mein Gott, soll das Liebe sein?"
Und wieder und wieder: O Vater, vergib,
vergib meine Zweifel, Du hast mich doch lieb.

„Dein Wille geschehe! - Nicht wie ich will!"
Nur so wird es in mir allmählich still.
Sind rauh auch die Wege und dornenvoll,
ich weiß, Du führest mich dennoch wohl.
Daß ich nichts mehr begehre als Dich, Herr, allein,
dies soll meine tägliche Bitte sein.
Dein Wille gescheh, wenn die Sonne lacht,
Dein Wille gescheh in Trübsalsnacht.
Wenn ich auch das Ziel Deiner Wege nicht seh,
Du führst mich doch wohl, Herr:
DEIN WILLE GESCHEH!

Kernsätze

> **Biblisches Prinzip:**
> **Gott schützt den Gläubigen vor satanischer Beeinflussung.**
> **Biblischer Rat:**
> **Kein Erzwingen der Gesundheit durch magische Mittel.**

Fallbeispiel 1

Inge leidet seit Jahren unter chronischen Kopf- und Gesichtsschmerzen. Nach vielen ergebnislosen Untersuchungen beschränkt sich die ärztliche Hilfe auf das Verabreichen von Betäubungsmitteln. Aus Verzweiflung wendet sich Inge an einen Heilpraktiker, der als Diagnoseverfahren die Kilian-Fotografie einsetzt. Über zwei Jahre lang wird sie nun erfolglos mit Akupunktur, Spritzen, Farb-Akupunktur usw. therapiert. Inge kommt zum lebendigen Glauben an Jesus Christus. Auf Wunsch erhält sie von einem Seelsorger das Buch „Sanfte Heilverfahren" von Reinhard König. Sie erkennt, daß ihre kostspielige Behandlung mit Gottes Wort nicht vereinbar ist. Es dauert noch einige Zeit, bis sich Inge von dieser alternativen Heilmethode distanzieren kann. Nach neun Monaten ringt sie sich durch und beendet die Therapie beim Heilpraktiker.

Dieser Schritt ist für Inge wie eine Befreiung. In der Zwischenzeit hat sie das chronische Leiden aus Gottes Hand angenommen. Ihr Bekenntnis lautet heute: „Jesus Christus gibt mir die Kraft, mit den täglichen Schmerzen umzugehen."

Fallbeispiel 2

„Ich beschäftige mich schon einige Zeit mit gesundem Lebensstil. Neben der vegetarischen Ernährung stoße ich auch auf den Wert von Mineralsalzen. Durch die Empfehlung eines Missionars, lerne ich eine gläubige Bäuerin kennen. Sie stellt mittels Irisdiagnose die fehlenden Mineralsalze in meinem Körper fest. Ich kaufe bei ihr die Tabletten, die nach homöopathischem Verfahren hergestellt werden. Fasziniert studiere ich die Literatur von Hahnemann (Begründer der Homöopathie). Mein Denken ist ganz von der Sorge um meine Gesundheit ausgefüllt. Das Bibelstudium tritt in den Hintergrund. Gott läßt mich einige Zeit gewähren, rüttelt mich aber dann durch ein Bibelwort auf:

Mt.6,27: ‚Wer ist unter euch, der seines Lebens Länge eine Spanne zusetzen könnte, wie sehr er sich auch darum sorgt?'

Am selben Tag werfe ich alle homöopathischen Mittel fort und vernichte auch die dazugehörige Literatur (Apg.19,19). Zusätzlich befreit mich der Herr auch von einer extremen Ernährungslehre, die mein Leben sehr eingeengt hat (Luk.10,7a). Ich bemühe mich weiterhin um einen gesunden Lebensstil und freue mich auch an feinen Gewürz- und Heilkräutern (Spr.27,25). Doch das unselige Sorgen um meine Gesundheit, die Ängste wegen schädlicher Umwelteinflüsse und vergifteter Nahrungsmittel, habe ich an Gott abgegeben. Jeder Tag meines Lebens liegt in seiner Hand (Ps.31,16)." (Sylvia Plock, Mannheim)

Fallbeispiel 3

„Meine Frau leidet 27 Jahre an einer schweren Rheumaerkrankung. Die vom Schulmediziner verschriebenen Medikamente haben starke Nebenwirkungen. Aus Verzweiflung suchen wir Hilfe in allen medizinischen Richtungen.

In einem Fernsehbericht über Fernheilung berichten Menschen von großartigen Erfolgen. Wir sehen darin eine neue Chance und nehmen Kontakt mit dem Fernheiler auf. Meine Frau meint, eine Besserung ihres Gesundheitszustandes zu verspüren. Gottgläubig, wie wir gewesen sind, kommen uns aber bezüglich der Heilmethode doch auch Zweifel. In dieser Zeit besuchen wir eine Evangelisationsveranstaltung und bitten den Verkündiger um Rat. Er klärt uns über die Gefahren dieses okkulten Heilverfahrens auf. Noch in diesem Gespräch bekennen wir Gott unsere Sünden und vertrauen unser Leben Jesus Christus an. Danach brechen wir alle Beziehungen zum Fernheiler ab. In der Folgezeit nimmt meine Frau die Krankheit aus Gottes Hand an. Wir finden auch bald einen Internisten, der mit sanfter Medikation und Umstellung der Ernährung die Schmerzen in den Griff bekommt. Inzwischen kann meine Frau mit der Krankheit gut leben." (Lebensbericht ohne Namensnennung)

Fallbeispiel 4

„Nach einer Operation wird mir von der Krankenkasse ein Kuraufenthalt genehmigt. Bei der Konsultation der Kurärztin achte ich sehr auf die Zusammenstellung meines Therapieplanes. Neben einem ausgiebigem

Sportprogramm werden mir auch Wannenbäder und Massagen verschrieben. Autogenes Training und andere Entspannungstechniken, die sich positiv auf mein Tinnitusgeräusch auswirken sollen, lehne ich ab. Bei der ersten Massage erkundigt sich die Masseurin über meine Beschwerden. Ich berichte ihr von den Muskelverspannungen, die den Spannungskopfschmerz auslösen und erwähne auch die Tinnitusbeschwerden. Sofort sieht sie von der herkömmlichen Massage ab und beginnt, mir eine ‚Energiemassage' zu verabreichen. Mittels Metallstab beabsichtigt sie, einen Energieausgleich im Körper herzustellen und verspricht mir durch diese Methode Heilung von meinen Tinnitusgeräuschen. Ich bitte sie daraufhin, dieses Therapieverfahren einzustellen und begründe es mit meiner christlichen Weltanschauung. Sie reagiert sehr unfreundlich und reizt mich bei den darauffolgenden herkömmlichen Massageterminen anhaltend mit spitzen Bemerkungen. Erst die Androhung einer Beschwerde gebietet ihr Einhalt. Am Ende des Kuraufenthaltes schenke ich ihr ein christliches Buch. Es bleibt für sie jedoch unverständlich, daß man ein Heilungsangebot aus Glaubensgründen ausschlagen kann." (Sylvia Plock, Mannheim)

Literaturempfehlung:
- Dr. Samuel Pfeiffer: „Gesundheit um jeden Preis", Brunnen - Verlag Gießen, 1990
- Dr. Reinhard König: „Sanfte Heilverfahren", Hänssler - Verlag Stuttgart, 1987
- Walter Nitsche / Benedikt Peters „Dämonische Verstrickung - Biblische Befreiung", Schwengeler Verlag Berneck, 1987
  (Dieses Buch gibt Durchblick über unnüchterne Praktiken in der Okkultseelsorge.)
- Jerry Bridges: „Gottvertrauen", Verlag der Francke-Buchhandlung Marburg, 1990
  (Dieses Buch stärkt das Vertrauen in die Souveränität Gottes in Nöten, Leiden und Schmerzen.)

SCHLUSSGEDANKEN

Die zehn Spannungsfelder zeigen, daß sich biblische Seelsorge oft gegen den herrschenden Zeitgeist und gegen eine rein menschliche Barmherzigkeit durchsetzen muß.

Die Ausführungen machen deutlich, daß sich ein Seelsorger nicht vom menschlich fleischlichem Mitgefühl bestimmen lassen darf, wenn er einen in Gottes Augen gesegneten Beratungsdienst tun will. Er muß letztlich jeden Rat von biblischen Prinzipien ableiten können. Echte Liebe verbindet sich deshalb immer mit biblischer Wahrheit.

Spurgeon hat das Verhältnis von Liebe und Wahrheit treffend zusammengefaßt:

„Die echteste Liebe gegenüber denen, die irren, ist nicht, sich mit ihnen zusammenzutun, sondern in allem Jesus treu zu bleiben."[120]

Jedem Seelsorger gilt deswegen die Aufforderung des Apostel Paulus:

„Laßt uns aber die Wahrheit bekennen in Liebe und in allem hinwachsen zu ihm, der das Haupt ist, Christus" (Eph.4,15).

Mit einem letzten Blick auf das allumfassende Ziel jeder biblischen Beratung und den Schlüssel für einen wirksamen Seelsorgedienst schließe ich den kleinen Ausschnitt über die „zurechtbringende Seelsorge" ab:

„Christus in euch, die Hoffnung der Herrlichkeit. Ihn verkündigen wir, indem wir jeden Menschen ermahnen und jeden Menschen in aller Weisheit lehren, um jeden Menschen vollkommen in Christus darzustellen; wozu ich mich auch bemühe und kämpfend ringe gemäß seiner Wirksamkeit, die in mir wirkt in Kraft" (Kol.1,27b+28).

Literaturverzeichnis

1. Roland Antholzer: „Seelsorge-Schulung, Grundkurs 2", Herausgeber GIBB, S. 2+3+10+21
2. Roland Antholzer: „Seelsorge-Schulung, Grundkurs 3", S.21
3. Jay Adams: „Grundlagen biblischer Lebensberatung, Beiträge zu einer Theologie der Seelsorge", Brunnen Verlag Gießen 1983, S. 147
4. Roland Antholzer: „Seelsorge-Schulung, Grundkurs 3", S.23+24
5. Jay Adams: „Grundlagen biblischer Lebensberatung, Beiträge zu einer Theologie der Seelsorge", Brunnen Verlag Gießen 1983, S. 152
6. ebd., S. 149
7. Roland Antholzer: „Seelsorge-Schulung, Grundkurs 1", S. 5
8. ebd., S. 2+11
9. Jay Adams: „Grundlagen biblischer Lebensberatung", a.a.O., S. 330
10. ebd., S. 245
11. Roland Antholzer: „Seelsorge-Schulung, Grundkurs 2", S. 5
12. ebd., S. 6
13. Oswald Chambers: „Mein Äußerstes für sein Höchstes", Blaukreuz-Verlag Wuppertal 1993, S. 363
14. Martin und Deidre Bobgan: „Psychotherapie oder biblische Seelsorge", CLV-Verlag Bielefeld 1991, S. 210
15. Roland Antholzer: „Seelsorge-Schulung, Grundkurs 1", S. 21
16. Oswald Chambers: „Mein Äußerstes für sein Höchstes", a.a.O., S. 104
17. Roland Antholzer: „Seelsorge-Schulung, Grundkurs 1", S. 22
18. Martin und Deidre Bobgan: „Psychotherapie oder biblische Seelsorge", a.a.O., S. 210
19. Hudson Taylor - Quelle nicht bekannt
20. Bibellesezettel 1/98, Verlag des Diakonissenmutterhauses Aidlingen Grafenau-Döffingen, S. 44+45
20a. Stephan Holthaus: „Ethische Trends in Landeskirchen und Freikirchen", „Bibel und Gemeinde" 4/1998, S 285, 286, 290
21. Roland Antholzer: „Seelsorge-Schulung, Grundkurs 1", S. 29
22. Melody Green: „Freundschaft oder Ehe mit einem Ungläubigen?", Missionswerk „Die Bruderhand" e.V. , S. 1
23. Ernst Maier: „Freundschaft - Liebe - Partnerwahl", Studienheft Nr. 36, Biblischer Missionsdienst, S. 37

24. ebd., S. 38
25. ebd., S. 40
26. Melody Green: „Freundschaft oder Ehe mit einem Ungläubigen?", a.a.O., S. 1+2
27. Dr. Barry Leventhal: „Gottes Plan für die Ehe", Artikel aus dem Rundbrief von Ariel Ministries, P.O.Box Tustin, CA 92881, Sommer 1996
28. W. J. Ouweneel und H. P. Medema: „Trennung und Scheidung und Wiederheirat", Christliche Verlagsgesellschaft Dillenburg 1993, S. 41
29. Wolfgang Bühne: „Kann den Liebe Sünde sein?", CLV- Verlag 1995, S. 26
30. Ernst Maier: „Freundschaft - Liebe - Partnerwahl", Studienheft Nr. 36, a.a.O., S. 14
31. ebd., S. 16+17
32. „Vergleich von Ehe und Nichtehe" - Quelle unbekannt
33. Erich Hammer: „Ohne Trauschein", in „Die Wegweisung" 2/98, CV m.b.H. Dillenburg, S. 62+63
34. W. J. Ouweneel und H. P. Medema: „Trennung und Scheidung und Wiederheirat", a.a.O., S. 34+35+36
35. ebd., S. 64+65
36. ebd., S. 17
37. J. Carl Laney „... bis der Tod euch scheidet?", CMVB Bielefeld 1996, S. 80
38. W. J. Ouweneel und H. P. Medema: „Trennung und Scheidung und Wiederheirat", a.a.O., S. 70
39. J. Carl Laney „... bis der Tod euch scheidet?", a.a.O., S. 81
40. W. J. Ouweneel und H. P. Medema: „Trennung und Scheidung und Wiederheirat", a.a.O., S. 72
41. J. Carl Laney „... bis der Tod euch scheidet?", a.a.O., S. 81
42. ebd., S. 82+83
43. ebd., S. 83
44. ebd., S. 56+57
45. ebd., S. 60+61
46. ebd., S. 63
47. J. Carl Laney „... bis der Tod euch scheidet?", a.a.O., S. 67+68
48. ebd., S. 69+70+71

49. ebd., S. 72+74

50. Dr. Joachim Cochlovius: „Scheidung und Wiederheirat", in Idea Spektrum 28/1998

51. Jürgen Kuberski: „Scheidung und Wiederheirat - was sagt die Bibel?", in „Bibel und Gemeinde" 1/1988, S. 73

52. Stephan Holthaus: „Ethische Trends in Landeskirchen und Freikirchen", a.a.O., S. 288+289

53. J. Carl Laney „... bis der Tod euch scheidet?", a.a.O., S. 136+137

54. Jürgen Kuberski: „Scheidung und Wiederheirat - was sagt die Bibel?", a.a.O., S. 76

55. W. J. Ouweneel und H. P. Medema: „Trennung und Scheidung und Wiederheirat", a.a.O., S. 75+76

56. Astrid Borower: „Es gibt kein Glück im Ungehorsam gegen Gottes Wort", in Idea Spektrum 29/1997

57. W. J. Ouweneel und H. P. Medema: „Trennung und Scheidung und Wiederheirat", a.a.O., S. 114

58. ebd., S. 114

59. Carl T. Knott: „Du kannst ein Segen sein", CLV-Verlag Bielefeld 1997, S. 47

60. Dieter Boddenberg: „Der Plan Gottes", Artikel aus „Die Weg weisung" 7/97, a.a.O., S. 393+394

61. ebd., S. 393

62. Jay Adams: „Christsein auch Zuhause", Brunnen Verlag Gießen 1974, S. 81+82+86

63. Wanda Sanseri: „Kostbarer als Korallen", Trainingskurs für Frauen, CLV Bielefeld 1993, S. 202

64. William MacDonald: „Kommentar zum Neuen Testament" Bd.2, CLV Bielefeld, deutsche Ausgabe 1992, S. 263+264

65. Carl T. Knott: „Du kannst ein Segen sein", a.a.O., S. 49

66. Wanda Sanseri: „Kostbarer als Korallen", a.a.O., S. 194+195

67. Dieter Boddenberg: „Der Plan Gottes", a.a.O., S. 393

68. Carl T. Knott: „Du kannst ein Segen sein", a.a.O., S. 50

69. Wanda Sanseri: „Kostbarer als Korallen", a.a.O., S. 28

70. ebd., S. 11

71. Gerd Goldmann: „Die Frau in der Gemeinde", in „Die Wegweisung" 10/97, S. 458-460

72. William MacDonald: „Kommentar zum Neuen Testament" Bd.2, CLV Verlag Bielefeld, deutsche Ausgabe 1992

73. Wanda Sanseri: „Kostbarer als Korallen", a.a.O., S. 11

73a. Martha und Charlie Shedd: „Wir sind ein Team", Editions Trobisch, Kehl 1996, S. 57+58

74. ebd., S. 10

75. William MacDonald: „Kommentar zum Neuen Testament" Bd.1, a.a.O., S. 58

76. Thomas Schirrmacher: „Zurückholen - aber wie?", in „Bibel und Gemeinde" 2/92, S. 96+97+98

77. ebd., S. 95

78. ebd., S. 95

79. Fred Colvin: „Sicher ans Ziel - Gemeindezucht aus biblischer Sicht", in „Gemeindegründung" KFG-Heft Nr. 44, S. 14-18

80. ebd., S. 20+21

81. ebd., S. 21+22

82. William MacDonald: „Kommentar zum Neuen Testament" Bd.2, a.a.O., S. 33

83. D. Saturnin Wasserzug: „Einheit - oder Vereinigung", in „aktuell" Nr. 2/1997, S. 10

84. Günther Schulz: „Einheit und Trennung", in „aktuell" Nr. 2/1997, S.12

85. ebd., S. 12

86. D. Saturnin Wasserzug: „Einheit - oder Vereinigung", a.a.O., S. 10

87. Charles Haddon Spurgeon, zitiert in Wilfried Plock: „Warum aus der Kirche austreten?", S. 10

88. Heinrich Jochums in: Der feste Grund Nr. 2, Febr.1969, S. 9

89. Charles Haddon Spurgeon, zitiert in Wilfried Plock: „Warum aus der Kirche austreten?", S. 10

90. Günther Schulz: „Einheit und Trennung", in „aktuell" Nr. 2/1997, S. 13

91. William MacDonald: „Kommentar zum Neuen Testament" Bd.2, a.a.O., S. 729+730

92. Bettina Wendelberger: „Ein kleiner Streifzug", in „aktuell" Nr. 2/1997, S. 19

93. William MacDonald: „Kommentar zum Neuen Testament" Bd.2, a.a.O., S. 730

94. Kurt Hutten: „Seher, Grübler, Enthusiasten", Quell Verlag Stuttgart 1982, S. 14+15

95. Bettina Wendelberger: „Ein kleiner Streifzug", a.a.O., S. 19

96. Ralf Fanselau: „Der Christ und die Obrigkeit", Predigtauszug Januar 1997

97. ebd.

98. William MacDonald: „Kommentar zum Neuen Testament", Bd.2, a.a.O., S. 674

99. ebd., S. 674

100. Lebensbericht aus „Friedensstimme" Nr.121, 1/98, S. 4+5

101. ebd., S. 18

102. ebd., S. 21

103. Reinhard König: „Sanfte Heilverfahren", Hänssler Verlag Neuhausen-Stuttgart 1987, S. 15

104. Elisabeth Nüchtern: „Was Alternativmedizin populär macht", Evangelische Zentralstelle für Weltanschauungsfragen EZW, Heft Nr. 193, 1998, S. 1+2

105. E. Nannen: „Alternativmedizin", in „Bibel und Gemeinde" 2/85, S. 145-148

106. ebd., S. 150+151

107. ebd., S. 149+150

108. Dr. Med. K. Blatter: „Paramedizinische Praktiken", in „Bibel und Gemeinde" 2/1992, S. 171+178

109. Samuel Pfeifer: „Gesundheit um jeden Preis", Brunnen Verlag Basel und Gießen 1990, S. 183+185

110. E. Nannen: „Alternativmedizin", in „Bibel und Gemeinde", a.a.O., S. 151

111. Reinhard König: „Sanfte Heilverfahren", a.a.O., S. 179+180

112. Samuel Pfeifer: „Gesundheit um jeden Preis", a.a.O., S.160

113. Wilfried Plock: „Christ und Krankheit", in „Bibel und Gemeinde" 3/87, S. 284

114. Samuel Pfeifer: „Gesundheit um jeden Preis", a.a.O., S. 165

115. Roland Antholzer: „Seelsorge-Schulung, Grundkurs 2", S. 19

116. Elisabeth Nüchtern: „Was Alternativmedizin populär macht", a.a.O., S. 37

117. Reinhard König: „Sanfte Heilverfahren", a.a.O., S. 177+180

118. Samuel Pfeifer: „Gesundheit um jeden Preis", a.a.O., S. 179
119. ebd., Vorwort
120. Charles Haddon Spurgeon, Quelle unbekannt

Sylvia Plock, Mannheim

Liebe & Wahrheit

247